Kurskorrektur für Raumordnungs- und Verkehrspolitik
Wege zu einer raumverträglichen Mobilität

D1725172

Die Deutsche Bibliothek - CIP-Einheitsaufnahme

Kurskorrektur für Raumordnungs- und Verkehrspolitik: Wege zu einer
raumverträglichen Mobilität / Akademie für Raumforschung und Landesplanung . - Hannover: ARL, 1995
    (Forschungs- und Sitzungsberichte / Akademie für Raumforschung und
    Landesplanung; 198: Wissenschaftliche Plenarsitzung; 1994)
    ISBN 3-88838-027-8
NE: Akademie für Raumforschung und Landesplanung <Hannover>:
    Forschungs- und Sitzungsberichte

Z-14 f
VA

Kurskorrektur für Raumordnungs- und Verkehrspolitik

Wege zu einer raumverträglichen Mobilität

Wissenschaftliche Plenarsitzung 1994

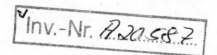

Geographisches Institut
der Universität Kiel

Autoren

Heinze, Wolfgang G., Dr., Professor, Technische Universität Berlin, Institut für Straßen- und Schienenverkehr, Ordentliches Mitglied der ARL

Kill, Heinrich H., Dr.-Ing., Gründungsdekan am Fachbereich Verkehrs- und Transportwesen der Fachhochschule Erfurt

Läpple, Dieter, Dr., Professor, Technische Universität Hamburg-Harburg, Arbeitsbereich Stadt- und Regionalökonomie, Korrespondierendes Mitglied der ARL

von Malchus, Viktor Frhr., Dr., Direktor des ILS i.R., Dortmund, Ordentliches Mitglied der ARL, Vizepräsident der ARL

Pohle, Hans, Dr., Referatsleiter im Sekretariat der ARL, Hannover

Rothengatter, Werner, Dr., Professor, Universität Karlsruhe, Institut für Wirtschaftspolitik und Wirtschaftsforschung

Schmitz, Gottfried, Dr., Verbandsdirektor, Raumordnungsverband Rhein-Neckar, Mannheim, Ordentliches Mitglied der ARL, Präsident der ARL

Widder, Gerhard, Oberbürgermeister der Stadt Mannheim

Best.-Nr. 027
ISBN 3-88838-027-8
ISSN 0935-0780

Alle Rechte vorbehalten • Verlag der ARL • Hannover 1995
© Akademie für Raumforschung und Landesplanung
Druck: poppdruck, 30851 Langenhagen
Auslieferung
VSB-Verlagsservice Braunschweig
Postfach 47 38
38037 Braunschweig
Tel. 0531/70 86 45-648
Telex 952841 wbuch d; Fax 0531/70 86 19

Inhaltsverzeichnis

GERHARD WIDDER

Begrüßung

Ich heiße die Teilnehmer der Wissenschaftlichen Plenarsitzung der Akademie für Raumforschung und Landesplanung im Namen der Bürgerschaft der Stadt Mannheim und des Gemeinderates der Stadt Mannheim hier im Technischen Landesmuseum herzlich willkommen und bedanke mich dafür, daß Sie diese wichtige Tagung nach Mannheim gelegt haben.

Ich möchte mit wenigen Strichen diesen Wirtschaftsraum und die Stadt Mannheim skizzieren, in der Sie zu Gast sind und sich hoffentlich wohl fühlen. Ich mache es dabei wie jeder gute Gastgeber und wie jede gute Gastgeberin; man führt einen Gast durch das Haus. Nun kann ich Sie nicht durch ganz Mannheim und das Rhein-Neckar-Dreieck führen, aber lassen Sie mich mit wenigen Bemerkungen auf diese Stadt und auf diesen Wirtschaftsraum hinweisen. Sie tagen hier im Herzen des Rhein-Neckar-Dreiecks, des siebtgrößten Wirtschaftsraumes der Bundesrepublik Deutschland, in dem 1,8 Mio. Menschen leben. Sie tagen am östlichen Stadteingang einer Stadt, in der insgesamt 325.000 Menschen leben, davon rd. 65.000 Einwohner, die nicht deutscher Nationalität sind. Wir leben nicht nur nebeneinander, sondern wir leben miteinander. Darauf legen wir besonderen Wert.

Meine Damen und Herren, Mannheim ist stolz darauf, eine Stadt der Industrie, des Handels, des Handwerks, der Banken, aber auch der Bildung, der Wissenschaften und der Kultur zu sein, und dies gilt nicht nur für die Stadt, sondern auch für den Wirtschaftsraum Rhein-Neckar-Dreieck. Große Unternehmen, aber auch ein leistungsfähiger Mittelstand und bedeutende Bildungseinrichtungen prägen hier das Bild. Ich nenne stellvertretend für viele große Unternehmen, die hier zu Hause sind, die BASF, Mercedes Benz, ABB, Boehringer Mannheim, John Deere, Heidelberger Druckmaschinen, Freudenberg Weinheim und viele andere mehr. Mit all diesen Namen verbinden sich bedeutende, heute würde man sagen, Innovationen, die aus dem Rhein-Neckar-Dreieck und der Stadt Mannheim in alle Welt hinausgegangen sind. Mercedes Benz habe ich erwähnt mit dem Auto von Karl Benz. Die BASF steht untrennbar verbunden mit den Namen Haber und Bosch und dem Haber-Bosch-Verfahren. Ich nenne John Deere und das Vorgängerunternehmen Heinrich Lanz mit dem legendären Lanz-Bulldog, der in der Landwirtschaft in den 20er Jahren zu einer Revolution führte. Ich müßte natürlich weiter das Luftschiff Schütte-Lanz hinzufügen und, um die Welt der Räder rund zu machen, den Freiherrn von Drais erwähnen, der 1817 der staunenden Weltöffentlichkeit seine Draisine vorgestellt hat. Aber auch Innovationen von heute kommen aus dieser Stadt. Ich nenne hier stellvertretend für viele ABB und den Drehstromantrieb, der im öffentlichen Personennahverkehr und im Fernverkehr eine zentrale Rolle spielt.

Das größte Kapital, das unsere Stadt neben dem Ideenreichtum, dem Können und dem Fleiß der arbeitenden Menschen in den Wettbewerb mit anderen Standorten

1

einbringt, ist die zentrale Lage in Europa. Die hervorragenden Verkehrsverbindungen und die optimale logistische Verknüpfung der verschiedenen Verkehrsträger machen die Region zu einem Dreh- und Angelpunkt innerhalb der europäischen Verkehrswege.

Kurze Wege zu den Absatz- und Beschaffungsmärkten in der Bundesrepublik und in Europa sind wichtige Rahmenbedingungen für die Wirtschaft in unserem Raum. Wir liegen im Schnittpunkt der wichtigsten Verbindungen des europäischen Autobahnnetzes, beispielsweise in Nord-Süd-Richtung an der Europastraße 12 von Prag nach Paris. Unsere Stadt wird von sechs weiteren überregionalen Autobahnen berührt, und vier zusätzliche regionale Autobahnen schaffen schnelle Verbindungen auch innerhalb der Region. Zum internationalen Flughafen Frankfurt-Main besteht eine direkte Autobahnverbindung. In knapp 40 Autominuten ist er von Mannheim aus zu erreichen und liegt somit fast vor unserer Haustür.

Hervorragend sind wir auch an das europäische und nationale Schienennetz angebunden. Der Hauptbahnhof Mannheim ist der wichtigste Intercity-Knotenpunkt im Bundesgebiet. Schnelle Bahnverbindungen bestehen zu allen anderen Wirtschaftszentren unserer Republik. Mit der von uns angestrebten Anbindung an das französische Schnellbahnnetz wird sich die Reisezeit deutlich verkürzen.

Ein entscheidender Standortvorteil ist unser Hafen. Er hat die Geschichte unseres Wirtschaftsstandortes am Zusammenfluß von Rhein und Neckar in besonderem Maße beeinflußt. Er ist einer der national wie international führenden Binnenhäfen mit einer Gesamtfläche von 1.131 ha. Unter den 150 Speditionsbetrieben im Mannheimer Hafen befinden sich zahlreiche international bekannte Unternehmen. Mit dem Containerterminal sowie mit dem RoRo-Terminal verfügt der Mannheimer Hafen über modernste Einrichtungen der Binnenschiffahrt. Der Seehafen Rotterdam ist auf dem Wasserweg in 28 Stunden zu erreichen.

Meine Damen und Herren, es gibt hier noch eine Einrichtung, die ganz wichtig ist: Dies ist die Stadt, in der die deutsche Sprache gemacht wird. Das hängt damit zusammen, daß die Duden-Redaktion ihren Sitz in Mannheim hat. Meyers Enzyklopädie und der Brockhaus kommen aus unserer Stadt, und auch der Name Langenscheidt ist mit Mannheim als Miteigner des Unternehmens eng verbunden. Hier sitzt auch das Institut für deutsche Sprache, so daß wir zu Recht behaupten können, in Mannheim findet die deutsche Sprachnormung statt, auch wenn die Mundart dem nicht immer ganz entspricht. Ich möchte auf die zahlreichen Bildungseinrichtungen und Kulturinstitute in dieser Stadt und im Wirtschaftsraum Rhein-Neckar nicht eingehen, es würde den Rahmen sprengen. Außerdem würde ich Sie dieser Plenarsitzung abspenstig machen, und dies hat mir Herr Dr. Schmitz untersagt. Aber wenn Sie beispielsweise Gelegenheit finden, mit der Kunsthalle eine der bedeutendsten Galerien in Deutschland zu besuchen, in der u.a. die neue Sachlichkeit in den 20er Jahren dieses Jahrhunderts geprägt wurde, werden Sie dies nicht bereuen. Ich schlage Ihnen vor, im Zeitraum zwischen 9. Oktober und 29. Januar nochmals wiederzukommen, wenn hier eine Sonderausstellung „Neue Sachlichkeit" läuft, die vom Arbeitskreis Rhein-Neckar-Dreieck, in dem Kommunen und Wirtschaft eng zusammenarbeiten, initiiert wurde. Und daß das Nationaltheater nicht vergessen werden darf, werden Sie verstehen, denn immerhin stammt es aus dem 18. Jahrhundert, ist das älteste kommunale Theater und hat sich durch die

Uraufführung der „Räuber" im Jahre 1782 bereits einen Namen gemacht, als Schiller in das damals schon liberale Mannheim kam, um dieses Werk uraufführen zu lassen. Unsere Kulturinstitute liegen entlang der Kulturmeile - sie können diese rd. 3 km lange Strecke mit zahlreicher Kunst im Freiraum, so es das Programm zuläßt, einmal abgehen. Es lohnt sich.

Soviel als Visitenkarte dieser Stadt und des Wirtschaftsraumes. Gestatten Sie mir noch ein paar Bemerkungen aus der Sicht eines Kommunalpolitikers, und das sage ich jetzt nicht nur als Oberbürgermeister der Stadt Mannheim, sondern auch als Vorsitzender des Städtetags Baden-Württemberg, zur Entwicklung des öffentlichen Personenverkehrs oder zu dem Thema Verkehrsentwicklungsplanung in unseren Städten. Die Verkehrsentwicklungsplanung, und da sage ich Ihnen als einem so fachkundigen Forum nichts Neues, ist eines der wichtigsten Handlungsfelder der Kommunalpolitik heute. Eine bessere und umweltgerechtere Organisation und Verteilung der Verkehrsströme ist das Ziel. Ich sage ganz bewußt: eine bessere und umweltgerechtere Organisation und Verteilung. Es muß unser Ziel sein, die Stadt als Lebensraum zu erhalten, und zwar als Lebensraum in allen ihren Funktionen. Das gilt sowohl für die Funktion „Wohnen", für „Arbeiten", für „Einkaufen", aber auch „Freizeit" mit allem, was heute dazugehört. In dieser bunten Vielfalt gilt es, die Stadt zu erhalten. Und hier kommen wir mit Ideologien nicht weiter, sondern mit einer Politik nach Augenmaß, die diese Funktionen und Bedürfnisse der Menschen berücksichtigt und dabei die Umwelt nicht aus dem Blick verliert. Was wir erreichen müssen, ist, daß der modal split zugunsten des ÖPNV verändert wird. Der modal split liegt heute auch bei uns bei 14%. Unser Ziel ist, uns an 20% heranzuarbeiten. Aber wir wissen, welch hochgestecktes Ziel das ist. Wir setzen dabei auf eine vernünftige Mischung, und „vernünftig" ist bitte zu unterstreichen, aus Attraktivität des öffentlichen Personennahverkehrsangebotes und ordnungspolitischen Maßnahmen. Auf die vernünftige Mischung beider kommt es uns an, weil ich sage, wir kommen mit Ideologien nicht weiter, weder in der einen noch in der anderen Richtung. Wenn man sich verdeutlicht, daß in dieser Stadt täglich 98.000 Berufspendler einpendeln und 18.000 Auspendler nach außen gehen, dann weiß man, was alleine der Berufsverkehr in dieser Stadt an zusätzlichem Individualverkehraufkommen bringt. Deshalb ist es unser erstes Ziel, den Berufsverkehr so weit wie möglich auf den öffentlichen Personennahverkehr umzulenken, auch und besonders mit Hilfe des Verkehrsverbundes, der hier installiert ist und der wie unsere Raumplanung insgesamt übergreifend in drei Bundesländern stattfindet, nämlich Baden-Württemberg, Rheinland-Pfalz und Hessen.

Für uns gilt generell, wir wollen einen sinnvollen Umgang mit den einzelnen Verkehrsmitteln erreichen aus Überzeugung und nicht, weil wir die Menschen zwingen wollen. Daß wir dabei nicht ohne Erfolg sind, zeigen die steigenden Fahrgastzahlen. Das Ziel ist, bei uns die Schnelligkeit, die Zuverlässigkeit, die Sicherheit und die Bequemlichkeit, aber auch die Preiswürdigkeit des öffentlichen Personennahverkehrs zu verbessern und dabei die Wirtschaftlichkeit nicht aus dem Auge zu verlieren, denn ohne Wirtschaftlichkeit ist öffentlicher Nahverkehr nicht mehr zu finanzieren. Und wenn man heute wie bei uns eine Aufwandsdeckungsquote hat, die unter 50% liegt, dann weiß man, welche Herausforderungen auf uns warten.

Dabei investieren wir eine ganze Menge. Schnelligkeit erreichen wir, indem wir 75% der Straßenbahnschienen - wir setzen auf das schienengebundene Verkehrsmittel, strahlenförmig in die Innenstadt entlang der Entwicklungsachse - auf eigener Trasse führen und jetzt auch den Bus an einer Stelle als Spurbus dazugelegt haben. Wir haben ein mehrjähriges Beschleunigungsprogramm entwickelt, um die Durchschnittsgeschwindigkeit weiter zu erhöhen.

Meine Damen und Herren, wir Mannheimer sind stolz auf unsere Stadt, die sich durch Weltoffenheit und Liberalität, Lebensfreude und Bürgersinn auszeichnet. Mannheim ist eine gleichermaßen vitale wie attraktive Großstadt, eine Stadt, die anzieht. „Magnet Mannheim" lautet deshalb auch unser Stadtslogan, und wir betrachten es als tägliche Herausforderung, die Anziehungskraft unserer Stadt als Lebens- und Arbeitsraum, als Einkaufszentrum und Ort der Freizeitgestaltung weiter zu stärken.

Ich bedanke mich für die Aufmerksamkeit. Üblicherweise schließt man mit einem Zitat. In Mannheim kann man sich aussuchen, ob man Schiller nimmt oder ob ich Goethe aus „Hermann und Dorothea" zitiere, daß man einige Städte auf der Welt gesehen haben muß, u.a. das freundliche Mannheim, das gleich und heiter gebaut ist. Ich kann aber auch Mozart anführen, der gesagt hat: „So wie ich Mannheim liebe, so liebt auch Mannheim mich". Vielleicht empfinden Sie ein wenig Mozart nach. Ich wünsche Ihnen einen angenehmen Aufenthalt hier in Mannheim.

GOTTFRIED SCHMITZ

Anforderungen und Angebote der Raumordnung an die Verkehrspolitik

I. Zur Einführung und Begründung des Tagungsthemas

Die Akademie hat sich immer wieder, vor allem bei ihren jährlich stattfindenden Wissenschaftlichen Plenarsitzungen, zuletzt bei ihrer Tagung in Lübeck 1985, mit prinzipiellen raumordnerischen Fragestellungen des Verkehrs beschäftigt („Gestaltung künftiger Raumstrukturen durch veränderte Verkehrskonzepte"). Seitdem gab es interne Einzelveranstaltungen und Einzelprojekte, die sich speziellen Fragen der Verkehrsentwicklung mit raumordnerischem Bezug widmeten, wie etwa die Verkehrserschließung des ländlichen Raumes, der regionale öffentliche Personennahverkehr, die Entwicklung des Güterverkehrs und von Güterverkehrszentren u.v.a.m. Nicht zuletzt verdienen erwähnt zu werden die Veröffentlichungen der ARL (Roter Band) unter dem Titel: „Raumordnungspolitische Aspekte der großräumigen Verkehrsinfrastruktur in Deutschland" (1992) als ein Beitrag der Akademie zur Gestaltung der Raumstrukturen in ganz Deutschland nach der Vereinigung und „Verkehrsinfrastruktur und Raumentwicklung in Hessen, Rheinland-Pfalz und dem Saarland" unserer dortigen Landesarbeitsgemeinschaft.

Die seit 1989/90 radikal veränderten Rahmenbedingungen für eine deutsche Raumordnungspolitik prägten und prägen immer noch die Arbeitsschwerpunkte der ARL. Die konzeptionelle und planungsorganisatorische Unterstützung beim Aufbau von Raumordnung, Landes- und Regionalplanung in den neuen Bundesländern sowie die Ausrichtung der Arbeit auf Leitlinien für eine gesamtdeutsche und eine europäische Raumordnung und Raumordnungspolitik ließen wenig Raum für die notwendige Weiterführung früherer wissenschaftlicher Ansätze raumordnerisch relevanter Beziehungen, Wechselwirkungen zwischen räumlicher Ordnung und demographischen, gesellschaftlichen, wirtschaftlichen, politischen Prozessen sowie für die vertiefende Untersuchung der Zusammenhänge zwischen Raumordnungspolitik und Fachpolitiken auf den verschiedensten Ebenen unseres komplexen politischen, wirtschaftlichen und gesellschaftlichen Systems. Alles hat seine Zeit, und es scheint, die Zeitumstände und das gegenwärtige gesellschaftliche Bewußtsein, auch die Erfahrung, daß es erfolgversprechender ist, sich rechtzeitig im Vorfeld der Fortschreibung der Bundesverkehrsplanung zu Wort zu melden, lassen den gegenwärtigen Zeitpunkt als besonders günstig erscheinen, sich unter raumordnerischen Aspekten mit der Verkehrspolitik, dem Verkehrssystem und der Rolle der Verkehrsmittel und Verkehrsträger zu beschäftigen.

Die durch die Öffnung der Grenzen in Europa wiedergewonnene Mittellage und die damit veränderte Rolle Deutschlands bezüglich seiner „Drehscheiben"-, Transit- und Transferfunktion stellen angesichts eines gegenüber früher wesentlich höheren Niveaus allgemeiner Mobilität und des Waren- und Dienstleistungsaustausches enorme Anforderungen. Fast hat es den Anschein, als könnten die Verkehrsbedürfnisse, die Verkehrsmengen und die Verkehrsinfrastruktur auch noch die Entwicklung unserer Raumstruktur, die künftige räumliche Entwicklung sowie die Beanspruchung unserer räumlichen, natürlichen und finanziellen Ressourcen und damit auch die Raumordnungspolitik total dominieren.

Die etwas voreilige These: Verkehrspolitik ist Raumordnungspolitik beinhaltet aber nicht nur die Gefahr einer einseitigen Politik und Planung, sie deutet auch andererseits die Chance an, bei einer raumordnerischen Ausrichtung des Verkehrswesens und der Verkehrsinfrastruktur, bei den nicht zu leugnenden Interdependenzen wirksam und zielgerichtet die räumliche Ordnung zu beeinflussen.

Es gibt also gute Gründe, sich gerade jetzt und nach der Wissenschaftlichen Plenarsitzung in einem neu gebildeten Arbeitskreis unter Leitung von Prof. Heinze vertieft mit den Anforderungen der Raumordnung an den Verkehr, an die Verkehrspolitik, mit den die räumliche Ordnung positiv beeinflussenden verkehrlichen Maßnahmen sowie mit einer raumverträglichen Entwicklung des Verkehrswesens insgesamt zu beschäftigen.

Unser Tagungsthema „Kurskorrektur für Raumordnungs- und Verkehrspolitik, Wege zu einer raumverträglichen Mobilität" gab zu mancherlei unterschiedlich motivierter Verwunderung Anlaß. Den einen schien die gewählte Formulierung für eine gestandene wissenschaftliche Vereinigung zu reißerisch, zu nahe an den plakativen Äußerungen und Darstellungen, die wir in diesen Monaten sehen und hören müssen, den anderen war sie noch zu zurückhaltend angesichts der drängenden und auf Abhilfe harrenden Verkehrsstaus und unbewältigter Verkehrsprobleme im tagtäglichen Erleben und in der andauernden Fachdiskussion oder angesichts der bisher eigentlich erfolglosen Suche nach den richtigen Lösungen in der Raumordnungs- und Verkehrspolitik. Wieder anderen schien die inhaltliche Eingrenzung des Spektrums der Themen, der Vorträge und Diskurse eine wenig erfreuliche Einschränkung der zu behandelnden wichtigen Fragestellungen. Und schließlich könnte man der Meinung sein, es wäre besser gewesen, die Tagung in einer schlechter angebundenen, verkehrlich und überhaupt weniger attraktiven, weiter weg von der begünstigten Rheinschiene liegenden Stadt, wie es Mannheim im Rhein-Neckar-Dreieck nun einmal ist, durchzuführen. Denn dadurch wäre vielleicht besser zu demonstrieren und zu erleben, warum in der Raumordnungs- und Verkehrspolitik „Kurskorrekturen" geboten sind.

Diese Einwände treffen in vielerlei Hinsicht alle eine empfindliche Stelle, wenn wir heute und morgen die bisherige Entwicklung nicht nur zu rechtfertigen versuchen, sondern wenn wir uns mit einer gehörigen Portion Mut und mit unbequemen, radikalen und hoffentlich auch wirklich an die Wurzel gehenden Fragen unserem Problemkomplex widmen.

Immerhin konstatiert auch der Raumordnungsbericht 1993 der Bundesregierung die „Notwendigkeit einer Trendwende in der Verkehrspolitik auf der Grundlage einer integrierten Verkehrs-, Umwelt- und Raumordnungspolitik" (sogenannte Krickenbecker-Erklärung der für die Verkehrs-, Umwelt- und Raumordnungspolitik zuständigen Bundesminister vom 5./6. Februar 1992).

Die Raumordnung ist damit insgesamt, auf allen ihren Aktionsebenen gefordert, ihren Beitrag zu leisten, eine zukunftsorientierte, raum- und umweltverträgliche Verkehrspolitik zu initiieren oder - anders formuliert - ein Verkehrssystem zu konzipieren und realisieren zu helfen, das die bestehende gegliederte räumliche Ordnung stützt und die gewollte Entwicklung der Raumstrukturen unterstützt. Wir haben deshalb von der Raumordnung her im Sinne einer Bringschuld zunächst einmal „unsere" Leistung nachzuweisen und zu erbringen.

Deshalb gestatten Sie mir, auch mein Thema in der umgekehrten Reihenfolge anzugehen: zunächst zu den Angeboten und dann zu den Anforderungen einige Ausführungen zu machen.

II. Angebote, Leistungen der Raumordnung und Raumordnungspolitik

1. Die bestehende räumliche Ordnung, unsere Raumstruktur, determiniert ausgehend von den Mobilitätserfordernissen unserer hochtechnisierten Wirtschaft und Gesellschaft - lassen Sie mich mit dieser Binsenweisheit beginnen - in einem erheblichen Umfang unsere Verkehrsbedürfnisse. Dies gilt für alle Raumeinheiten, Raumniveaus, von der örtlichen Ebene über die regionale, die nationale, die zwischenstaatliche, die europäische Ebene und darüber hinaus (die gesamte Erdoberfläche); oder anders ausgedrückt: die Raum- und Siedlungsstruktur und der Verkehr, die Siedlungsentwicklung und die Verkehrsentwicklung stehen in einem gegenseitigen engen Abhängigkeitsverhältnis. Die tatsächlichen, auch die vermuteten Wechselwirkungen berechtigen zu der Annahme, daß auch eine spezifisch gewollte Ausgestaltung der Verkehrspolitik für die Verwirklichung bestimmter Ziele der Raumordnung erfolgversprechend ist - vorausgesetzt die Ziele sind operationalisierbar (im Bereich der Raumordnung) und die erforderlichen Mittel instrumentierbar (im Bereich der Verkehrspolitik).

2. Das erste Angebot der Raumordnung muß also ein operables Zielsystem der Raumordnung sein. Unser deutsches gestuftes Raumplanungssystem, ergänzt durch die sich allmählich herausbildende europäische Kompetenz für eine europäische Raumordnung sowie für eine regionale Struktur- und großräumige Verkehrspolitik, erlauben zum einen die Darstellung von für die einzelnen Raumkategorien differenzierten Konzepten der Raum- und Siedlungsentwicklung und eröffnen zum anderen die Chance zu ebenenbezogenen zielorientierten Einzelplanungen und Maßnahmen. Dies zu betonen ist mir wichtig, weil gelegentlich die damit verbundenen Erschwernisse in den Planungsverfahren i.w.S. unwillig registriert werden. Dagegen ist es doch gerade ein Vorzug unseres Systems, daß für die vertikalen und horizontalen Abstimmungserfordernisse eine ausgebaute Organisationsstruktur von Raumordnung und Landesplanung zur Verfügung steht. Nur, sie sollte auch genutzt werden.

Bei der Suche nach den konzeptionellen Vorstellungen der Raumordnung mit Bezug auf verkehrliche Belange werden wir schnell fündig. Ich verweise zum einen auf die Leitvorstellungen und Grundsätze im Raumordnungsgesetz des Bundes, in den Landesplanungsgesetzen der Länder, auf die formellen Instrumente, wie Landesentwicklungspläne und Regionalpläne, auf regierungsamtliche Dokumente wie den Raumordnungspolitischen Orientierungsrahmen oder auf Entschließungen der Ministerkonferenz für Raumordnung, etwa über den „Beitrag der Raumordnung zu einer umwelt- und siedlungsfreundlichen Verkehrspolitik" vom 14. Februar 1992.

Es liegt in der Tradition der Raumordnungspolitik über viele Jahrzehnte hin, die dezentrale Siedlungsstruktur auf der Basis eines funktional gegliederten Systems von Städten mittlerer und höherer Zentralität, sei es

- als Solitärstädte mit Versorgungsfunktionen i.w.S. im ländlich geprägten Raum sowie in der besonderen Ausprägung

- als Stadtregionen oder

- als polyzentrische Verdichtungsregionen,

insgesamt und im europäischen Vergleich als vergleichsweise günstige und entwicklungsfähige Ausgangslage zur Weiterentwicklung zu bewerten. Diese Raumstruktur läßt auch ein entsprechend gutes, ein ebenenbezogenes und die spezifischen Fähigkeiten der verschiedenen Verkehrsträger und Verkehrsmittel berücksichtigendes Verkehrsmanagement zu.

In der Sprache des Raumordnungsgesetzes soll diese Raumstruktur so weiterentwickelt werden, daß sie

- der freien Entfaltung der Persönlichkeit in der Gemeinschaft am besten dient,

- den Schutz, die Pflege und die Entwicklung der natürlichen Lebensgrundlagen sichert,

- die Gestaltungsmöglichkeiten der Raumnutzung langfristig offenhält,

- gleichwertige Lebensbedingungen der Menschen in allen Teilräumen bietet oder dazu führt.

Diese Leitvorstellungen werden ergänzt durch zwei aktuelle Aufgabenstellungen (§ 1 Abs. 2 und 3 ROG), nämlich

- den räumlichen Zusammenhang zwischen den „neuen" und den „alten" Bundesländern zu beachten und zu verbessern sowie

- die räumlichen Voraussetzungen für die Zusammenarbeit im europäischen Raum zu schaffen und zu fördern.

Im „Grundsätzekatalog" (§ 2 ROG) sind

- die Verbindungsfunktion des Verkehrs zwischen den Zentren, Regionen, Agglomerationen und Staaten sowie die

- Anbindungs- und die Erschließungsfunktion für die peripheren Räume, auch der Erholungsräume, an die Versorgungs- und Arbeitsplatzzentren, Regionszentren und Verkehrsknoten als konstitutive Elemente der Differenzierung raumordnerischer Aufgabenstellungen in den verschiedenen Raumkategorien angesprochen.

Die Leitvorstellung „gleichwertige Lebensbedingungen in allen Teilräumen" wird in einer Reihe von Raumordnungsgrundsätzen nach verschiedenen Problemraumgruppen differenziert, etwa

- durch das generelle Verbesserungsgebot für alle Verkehrseinrichtungen in den Gebieten mit Rückstand in der allgemeinen Entwicklung (Grenzregionen, neue Bundesländer),
- in speziellen Grundsätzen für die Verdichtungsräume, für die ländlich geprägten Räume usw.

Im kleinräumigen Maßstab stellt der Grundsatz der funktional sinnvollen Zuordnung von Wohngebieten und Arbeitsplatzschwerpunkten auf bessere Erreichbarkeitsbedingungen und damit auch auf Verkehrsminderung und Verkehrsvermeidung ab.

Nicht konfliktfrei können die mobilitätsorientierten Leitvorstellungen (erstes und zweites Tiret) im Hinblick auf die Leitvorstellungen zu den natürlichen Lebensgrundlagen und zur Offenhaltung der räumlichen Gestaltungsmöglichkeiten sein. Deshalb bedürfen die Raumordnungsgrundsätze der Projektion *auf* und auch der Konfrontation *mit* einer stärker raumbezogenen Sichtweise, d.h. einer Regionalisierung raumordnerischer Problemfelder. Ansätze für ein solches Konzept bietet der Raumordnungspolitische Orientierungsrahmen (vom Februar 1993) mit seinen „Leitbildern für die räumliche Entwicklung der Bundesrepublik Deutschland" (Siedlungsstruktur, Umwelt und Raumnutzung, Verkehr, Europa, Ordnung und Entwicklung) und mit seinem lobenswerten Versuch, diese Leitbilder auch in ihrer Vernetzung in Karten darzustellen.

3. Eine größere Stringenz erhalten die Leitvorstellungen, Raumordnungsgrundsätze und Leitbilder nämlich bei ihrer Projektion auf die konkreten regionalen und lokalen Situationen und durch die Abwägung dieser generellen Vorgaben mit den in den Ländern und Regionen aufgestellten Landesentwicklungsprogrammen/-plänen und Regionalplänen. Vieles spricht dafür, daß gerade im Verkehrssektor generelle Rezepte, wie z.B. Vorrang der Schiene vor der Straße, Vorrang des ÖPNV vor dem Individualverkehr oder Verkehrsverlagerung durch die Kostenrelationen massiv beeinflussende Steuer- und Preispolitik, kaum zu überall verträglichen Ergebnissen führen, sondern nur bei regionalen Differenzierungen, d.h. bei einer strukturraumspezifischen Anwendung befriedigen können.

Der Grad der Ausdifferenzierung der raumordnerischen Ziele in diesen Programmen und Plänen der Landes- und Regionalplanung ist entscheidend für deren Umsetzung mit verkehrlichen Maßnahmen. Dabei kommt einigen Instrumenten in ihrer „Scharnierfunktion" zwischen raumplanerischen Vorstellungen und verkehrlichen Erfordernissen eine besondere Bedeutung zu. Dazu gehören z.B. regionalisierbare Erreichbarkeits- und Bedienungsstandards oder auch die sogenannten funktionalen Verkehrsnetze, wie sie von der Landes- und Regionalplanung in einigen Ländern und Regionen wirksam als Koordinierungsinstrument eingesetzt werden. Sie können als nützliche Vorgaben für die Abstimmung verkehrsplanerischer Maßnahmen dienen.

4. In dieser „Angebotspalette" des raumordnerischen Instrumentariums dürfen die Raumordnungsverfahren und die informellen Konzepte, wie etwa regionale Verkehrskonzepte oder Regionalkonferenzen, nicht unerwähnt bleiben, die von der Raumordnung angestoßen, betreut oder durchgeführt werden. Hier zuordnen möchte ich auch die ersten Versuche, Leitvorstellungen für eine europäische Raumordnung zu entwickeln, ohne die es nur schwer möglich und begründbar sein dürfte, die großräumigen, europaweit notwendigen Verkehrstrassen zu konzipieren. Die Akademie hat im sog. Blauen Buch, das z.Z. aktualisiert wird („Perspektiven einer europäischen Raumordnung"), dafür einige Grundüberlegungen beigesteuert.

5. Die Raumordnung gibt also auf ihren unterschiedlichen Ebenen überörtlicher integrierter Raumplanung der Verkehrspolitik die Möglichkeit der Orientierung über die angestrebte Raumstruktur, insbesondere über die räumliche Verteilung der Zentren und ihrer Einzugsbereiche, über die Funktion der Teilräume (Siedlungsräume, Freiraumfunktionen etc.), über die räumliche Bevölkerungsverteilung und in Verbindung mit der raumplanerischen Beeinflussung der übrigen Standortfaktoren auch über die künftigen Standortstrukturen, und sie kann durch die Beeinflussung der Raumnutzung auch Standortvorsorge für Verkehrsflächen und Trassen betreiben.

Es bleibt die Frage, ob diese instrumentellen Möglichkeiten in der Vergangenheit immer und auf allen Ebenen auch von beiden Seiten genutzt wurden. Dies soll uns heute aber weniger beschäftigen als die Erfüllung dieser Funktionen in der Zukunft.

6. Die allseits bekannten veränderten Rahmenbedingungen wirken sich mit folgenden Einflußgrößen auf die Aufgabenstellung der Raumordnung in Bund, Ländern und Regionen aus:

a) die Bevölkerungsentwicklung, die nach der BfLR-Prognose bis zum Jahr 2000 einen Außenwanderungsgewinn von fast fünf Millionen erwarten läßt und gegenüber 1989 eine Zunahme um 5%, bei einer relativ starken Zunahme in den Verdichtungsräumen und ebenso durchweg Zunahmen in allen westlichen und Abnahmen in den östlichen Regionen (bis auf Berlin);

b) die zunehmende Flächenverknappung besonders in den Verdichtungsräumen und die dadurch verursachten Raumnutzungskonflikte;

c) die durch die „Öffnung der Grenzen" (EU, Binnenmarkt usw.), die damit verbundenen Deregulierungsmaßnahmen und den zunehmenden Wettbewerb im Verkehrssektor wachsende Internationalisierung der Märkte, die daher zwangsläufig stark steigenden Verkehrsmengen mit den damit verbundenen Stauwirkungen auf den traditionellen Magistralen;

d) die technische Entwicklung im Produktionsbereich (um nur die wichtigste zu nennen: die anhaltende Reduzierung der Fertigungstiefe), aber auch die Logistik im Gütertransport und die Steuerungssysteme des Verkehrsablaufs (integrierte Verkehrssysteme) werden wohl für die Inhalte von Verkehrskonzepten und ihre Einbindung in landes- und regionalplanerische Raumstrukturkonzepte Konsequenzen haben müssen;

e) die objektiv höher gewordenen Belastungen und die im Verhältnis zu früher in unserer Wohlstandsgesellschaft wesentlich höher liegende Empfindlichkeitsschwelle gegenüber Verkehrsanlagen und gegenüber den vom Verkehr ausgehenden Störungen und Beeinträchtigungen des Lebensraums der Menschen schaffen zusätzliche Probleme bei der Durchsetzung der notwendigen Verkehrsinfrastruktur und führen immer häufiger zur Diskussion von radikalen Fragen der gesellschaftlichen Berechtigung bestimmter Verkehrsbedarfe und der permanenten, der Marktentwicklung nachfolgenden Investitionspolitik der öffentlichen Hände, aber auch der Frage nach dem Sinn wachsender persönlicher Mobilitätsbedürfnisse.

Angesichts der eingangs zitierten Raumordnungsgrundsätze wird man allerdings von der Raumordnungspolitik keine Extrempositionen in diesem Spannungsfeld erwarten dürfen. Die Vorstellung, die Mobilität gegen Null zu fahren, findet im Zielsystem der Raumordnung wohl kaum Platz. Das raumordnerische Management hat vielmehr Mobilität in einem erheblichen Umfang zur Voraussetzung.

Eine Raumordnungspolitik, die - die Aktivitäten im Raum miteinander verknüpfend - auf ein räumliches Ordnungsleitbild hin zu steuern versucht, ist den genannten Einflußgrößen und den sich darum gruppierenden politischen Interessengruppen auf allen Ebenen ausgesetzt.

Wenn man angesichts der Daten des Verkehrsaufkommens und der Verkehrsleistungen an den Brennpunkten des Verkehrsgeschehens - an den großen Magistralen, in den Verdichtungsräumen, in den Grenzregionen - nicht sehenden Auges dem Verkehrskollaps entgegengehen will - was ja für bestimmte Kreise einen gewissen makabren Scharm hat -, müßte schnell eine Wende, eine Kurskorrektur in der Verkehrspolitik, aber auch eine konsequentere, stringentere Ausformung raumordnerischer und raumplanender Vorgaben hierfür erfolgen; d.h. unser Angebot i.S. der vorangegangenen Ausführungen müßte aktualisiert und präzisiert werden. Dies gilt in gleichem Maße für

1. die konzeptionelle Aufgabe der Raumordnung, dazu gehört z.B. der „Raumordnungspolitische Handlungsrahmen" auf der Ebene des Bundes in Ergänzung des Raumordnungspolitischen Orientierungsrahmens, ebenso aber die Anpassung der Landesraumordnungspläne und der Regionalpläne an die neuen Anforderungen;
2. die koordinierende Aufgabe, z.B. mit dem verstärkten Einsatz von Raumordnungsverfahren und informellen Konzepten i.S. einer „helfenden Planung", und
3. die Initiativaufgabe in Richtung auf aus raumordnerischer Sicht zu begründende Veränderungen des ordnungspolitischen Rahmens.

Die Zielsetzungen

- Verkehrsvermeidung
- Verkehrsberuhigung
- Verkehrsverlagerung (vom Individualverkehr auf den öffentlichen Verkehr),

die uns allen am Herz liegen, können nachhaltig erfolgreich eigentlich nur durch entsprechende raumplanerische Konzepte erreichbar gemacht werden. Allerdings muß hier noch im Detail und in Teilräumen intensive planerische Kärrnerarbeit geleistet werden, wenn die in den genannten Zielsetzungen liegenden Widersprüche konkret gelöst werden sollen. Was auf hoher Abstraktionsstufe konfliktfrei scheint, ist noch lange nicht auf der regionalen und lokalen Ebene miteinander vereinbar. Die Verdrängung von Verkehr hat so ihre Tücken.

Die Konzeption dezentralisierter Konzentration im verdichteten Raum und die Stärkung der zentralen Orte der mittleren und oberen Stufe im mehr ländlich strukturierten Raum - vorausgesetzt sie beinhaltet auch eine gesunde Mischung von Versorgungsfunktionen, Arbeitsplatzangeboten und Freizeitfunktionen neben einem verdichteten Wohnungsangebot - können durchaus diesen drei Zielsetzungen dienen. Eine wesentliche Voraussetzung ist ein leistungsfähiges ÖPNV-System, das die überlokalen Erreichbarkeiten verbessert und das Umsteigen vom IV lohnend macht. Wenn hie und da eingewandt wird, die reale Entwicklung sei aber anders verlaufen (Suburbanisierung, disperse Siedlungsentwicklung, Trennung der Funktionen von Wohnen - Arbeiten - Freizeit), so ist das im Einzelfall kaum bestreitbar, vor allem aber ist es eine Folge der realen Defizite im Ausbau des ÖPNV einerseits und der vielfältigen Begünstigung des Individualverkehrs (was hier im einzelnen nicht ausgeführt werden braucht) und der individuellen Präferenz andererseits. Das in diesem Zusammenhang neuerdings viel gebrauchte Schlagwort von der Stadt oder von der Region der „kurzen Wege" mag vielleicht dabei hilfreich sein, einem schon lange richtigen planerischen Konzept zu größerer Aufmerksamkeit und vielleicht auch zu etwas besserer Umsetzung zu verhelfen.

Die großen, aber auch die mittleren Verdichtungsräume sind heute schon, wie der Raumordnungspolitische Orientierungsrahmen mit Recht feststellt, wegen der häufig anzutreffenden Überlagerung von orts-, regional- und großräumigem Verkehr massiv überlastet. Dies gilt z.B. hier vor allem auch für die Verdichtungsräume entlang der Rheinschiene. Eine Entlastung wäre gewiß durch den Ausbau leistungsfähiger Massenverkehrsmittel und durch Nutzung der Umsteige- und Umladefunktion an den regionalen Verkehrsknoten (Schnittstellen, wie z.B. hier in Mannheim) zu erreichen; auch dies spricht für punktaxial ausgerichtete Konzepte zur Entwicklung der Raum- und Siedlungsstruktur und für integrierte Verkehrskonzepte in den hochbelasteten Verdichtungsräumen.

Im großräumigen Kontext möchte ich die vorgesehenen Maßnahmen zur Entlastung der traditionellen Verkehrsachsen durch neue Nord-Süd- und Ost-West-Verbindungen und die Verlagerungsabsichten durch eine Priorisierung der Schiene nur erwähnen.

Doch es bleibt die Frage, ob bei allen Bemühungen um die Verkürzung von Planungs- und Durchführungszeiten sich die Schere zwischen Verkehrsaufkommen und Ausbau der Verkehrsinfrastruktur nicht weiter öffnet. Was geschieht, wenn zu wenig geschieht? Und viele Anzeichen sprechen dafür, nicht zuletzt auch die tatsächliche Entwicklung im Gesamtverkehr, die es laut ifo-Institut nötig machen soll, wegen der starken Abweichung von den im Rahmen der Bundesverkehrswegeplanung erwarteten Trends die ihr zugrundeliegenden Verkehrsprognosen zu ändern. Der Straßenverkehr wächst bekanntlich überproportional, die Binnenschiffahrt stagniert, und die Bahn muß erhebliche Mengeneinbußen hinnehmen, vor allem in den östlichen Regionen.

Sind die Zukunftsaufgaben im Verkehrsbereich angesichts der zu erwartenden Verkehrsentwicklung, die selbst nach den Prognosevarianten mit den geringsten Zuwächsen (Güterverkehr zwischen 30 und 110% in tkm und beim Personenfernverkehr mit 16 bis 41%) gelegentlich als „Verkehrsinfarkt" gekennzeichnet wird, noch allein mit den geplanten Vorhaben zur Ergänzung, zum Ausbau der Verkehrsinfrastruktur, insbesondere unter zeitlichen Aspekten, zu bewältigen?

III. Anforderungen der Raumordnung an die Verkehrspolitik

1. Im Vordergrund steht für die Raumordnung und ihre Mittlerfunktion die notwendige Präzisierung des raumordnerischen Zielsystems. In der Diskussion der letzten Jahre über die Wahrung raumordnungspolitischer Belange in der Verkehrspolitik taucht immer wieder stereotyp die Frage nach den in der Verkehrsplanung zu berücksichtigenden spezifischen raumordnerischen Zielen auf. Offenbar ist es bisher nicht ausreichend gelungen, die Raumordnungsziele für den Verkehrsbereich „an den Mann, an die Frau" zu bringen. Dies mag auch damit zu tun haben, daß auf der Bundesebene zu global gedacht wird, auch damit, daß die sehr langfristigen Zielhorizonte der Raumordnung, die sich in ihrem allgemeinen Zielsystem niederschlagen, in bestimmten Zeitsituationen und unter regionalen Aspekten unterschiedlich gewichtet werden müßten. So ist es kaum zu bestreiten, daß für die Raumordnung in den alten Bundesländern die Belastung der Siedlungsräume durch den Verkehr in den letzten Jahren stärker im Blickfeld liegt und die Anbindungs- und Erschließungsfunktion des Verkehrs in den neuen Bundesländern absolut Vorrang genießen muß. Es erscheint deshalb notwendig, für die Erarbeitung einer Systemebene oberhalb der Bundesverkehrswegeplanung die Verknüpfungselemente des raumordnerischen Zielsystems herauszuarbeiten. Das gleiche gilt wohl auch für den verkehrspolitischen Ordnungsrahmen, der zu einer raumverträglichen Nutzung des Verkehrssystems beitragen soll.

Für eine konkrete Ausgestaltung des Zielsystems wäre es hilfreich, den Dialog zwischen den vier Aktionsebenen räumlicher Planung: Bund, Länder, Regionen, Kommunen mit ernsthaftem Bemühen zu verstärken. Die Gesamtdarstellung von räumlich stärker differenzierten Leitbildern im Raumordnungspolitischen Orientierungsrahmen zeigt einen Weg auf, wie die Präzisierung der raumordnerischen Erfordernisse für die Verkehrspolitik erfolgen könnte. Die häufig anzutreffende, dem fundamentalen Prinzip deutscher Raumplanung, nämlich dem Gegenstromverfahren, hohnsprechende Abschottung der Planungsebenen läßt die Chancen außer acht, die in einer hinreichenden vertikalen und horizontalen Koordinierung raumordnerischer und verkehrlicher Erfordernisse liegen. Insbesondere auf der regionalen und lokalen Ebene können wir ein Lied davon singen, welche verschlungenen Wege gegangen werden müssen, um regionalen Anliegen bei den Landes- und Bundesverkehrsbehörden Gehör zu verschaffen. Vielfach ist ein Mangel an frühzeitiger gegenseitiger Abstimmung zu beklagen. Der Einsatz von Rechnerkapazitäten einerseits und eine größere Kooperationsbereitschaft andererseits könnten zu besseren Ergebnissen in der Abstimmung führen.

2. Im infrastrukturellen Bereich richtet die Raumordnung und Raumplanung ihren Blick auf die Bundesverkehrswegeplanung. Wir werden heute dazu noch etwas zu hören bekommen. Der neu gebildete Arbeitskreis Verkehr der ARL wird natürlich auch für die Fortschreibung des BVWP einen akademiespezifischen Beitrag erarbeiten. Dafür sollen auch die Ergebnisse unserer Tagung hier in Mannheim aufbereitet und weitergeführt werden.

Unter Mitwirkung von Mitgliedern der Akademie hat kürzlich der Beirat für Raumordnung beim Bundesbauministerium eine Empfehlung „Raumordnung und Bundesverkehrswegeplan" beschlossen, die auf der Empfehlung des Beirats vom 11. November 1992 aufbaut.

Den darin formulierten Anforderungen werden Sie hoffentlich zustimmen - ich muß es schon deshalb, weil ich daran beteiligt war. Neben den schon dargestellten Zielkonflikten und den sich aus dem Raumordnungsgrundsätzekatalog ergebenden regionalspezifischen Zielen für die Verkehrsentlastung bzw. Verkehrsverlagerung und Verkehrsvermeidung richtet der Beirat im Sinne einer notwendigen Konkretisierung das Augenmerk vor allem auf

- verfolgenswerte Ansätze verkehrssparender Siedlungsstrukturen und
- auf eine integrierte Betrachtung aller Verkehrswege und Verkehrsträger.

Hierbei ist vor allem auch die regionale Ebene angesprochen, was meinen persönlichen Erfahrungen sehr entgegenkommt. Auf diesen beiden Feldern sind Wissenschaft und Planung gefordert, neue Modelle für verkehrssparende Siedlungsstrukturen zu entwickeln und die Zusammenarbeit zwischen „Kernstädten" und „Umlandgemeinden" bei der Flächenausweisung, bei der Zuordnung von Arbeitsflächen, Wohnflächen, Freizeitkomplexen, im Flächenrecycling, bei der Revitalisierung städtischer und gemeindlicher Versorgungsnahbereiche zu moderieren.

Die Forderung nach integrierter Betrachtung der Verkehrswege und Verkehrsträger ist wegen der mindestens in den alten Bundesländern durch Aus- und Neubau im Straßennetz nur noch bedingt behebbaren Überlastungen dringend geboten. Deshalb muß die Entlastung in der Überleitung auf andere Verkehrsnetze mit Kapazitätsreserven oder geringeren Ausbaurestriktionen und Umweltbelastungen gefunden werden. Das Durchspielen entsprechend alternativer Netzmodelle könnte dafür Handlungsmöglichkeiten aufzeigen.

Zentraler Punkt im Hinblick auf die gesamtkonzeptionelle Weichenstellung ist die Verkehrsprognose und die Strukturierung der Szenarien. Der BVWP '92 zeigt erfreuliche Ansätze einer integrativen Verfahrensweise. Diese gilt es fortzuentwickeln. Der Raumordnungsbericht 1993 gibt einen Überblick über die drei Prognoseszenarien mit unterschiedlichen Verkehrsbelastungen auf den verschiedenen Netzen.

Diese Aufgabenstellung müßte bei der Fortschreibung des BVWP fortentwickelt und im Hinblick auf die spezifischen Belange der Raumordnung erweitert werden. Dies bedeutet vor allem die Erarbeitung alternativer Verkehrswegepläne nach unterschiedlich gesetzten politischen Rahmenbedingungen auf der Grundlage der präzisierten raumordnungspolitischen Leitvorstellungen und Raumordnungsgrundsätze. Die sich aus intermodal unterschiedlichen Zusammensetzungen ergebenden Verkehrsnetze lassen es zu, deren relative Vorzüge herauszuarbeiten und zu bewerten. Darin müssen auch die schon beschlossenen, aber noch nicht durchgeführten Maßnahmen des früheren „vordringlichen Bedarfs" eingeschlossen sein. Nur durch die so ermöglichten Vergleiche lassen sich Konsequenzen für die Entscheidungen über den Mitteleinsatz zur Erschließung, Anbindung und Verbindung von Regionen und gleichzeitig zur Entlastung übermäßig belasteter Verkehrsachsen und Verdichtungsräume ziehen. Durchsichtiger muß auch werden, daß neue Verkehrswege zwar den Verkehr beschleunigen, aber auch durch die Erzeugung von mehr Verkehr Engpässe an anderen Stellen des Verkehrssystems bewirken können.

Eine stärkere Gewichtung müßten in den Prognosen die alternativen regionalen siedlungsstrukturellen Modelle erfahren, etwa die ungebremste Suburbanisierung und die im Sinne verkehrssparender Siedlungsentwicklung beeinflußte Siedlungsentwicklung. Über die Art der Erfassung dieser „kleinräumigen" Siedlungsstrukturmodelle in der Bundesverkehrswegeplanung müßte wohl noch nachgedacht werden. Einwendungen dagegen sind nicht stichhaltig. Schließlich geht es bei der politischen Entscheidung häufig noch um wesentlich kleinräumigere Einflüsse. Es kann in Zukunft nicht mehr davon ausgegangen werden, daß die Aufnahmekapazität von Verdichtungsräumen für weiteren Verkehr als unbegrenzt angesehen wird.

Die Ergebnisse solcher Modelluntersuchungen könnten auch eine wichtige Grundlage für die im Zusammenhang mit der Regionalisierung des öffentlichen Personennahverkehrs ab 1996 aufzustellenden Nahverkehrspläne sein. Die Angebotsplanung im ÖPNV könnte damit auch unmittelbar mit der Bundesverkehrswegeplanung abstimmbar gestaltet werden; ein weiteres Beispiel für die vertikale und horizontale Verknüpfung der Verkehrsplanung mit raumordnerischen Zielsetzungen.

Nach den Erfahrungen der letzten Jahre ist die Eintrittswahrscheinlichkeit der Prognosen bei Verwendung politisch gesetzter unterschiedlicher Rahmenbedingungen nur schwer abzuschätzen. So wurde zwar die Mineralölsteuer erhöht, zugleich aber im Rahmen der EU-Steuerharmonisierung durch die Reduzierung der KFZ-Steuer für Schwerlaster die Wirkung der ersten Maßnahme zum Teil kompensiert. Man mag aus raumordnerischen Gründen zur Verminderung der Überbelastung die Verlagerung des Verkehrs von der Straße auf umweltfreundlichere Verkehrsträger (Schiene, Binnenschiffahrt) für richtig halten und daher die Mineralölsteuer als eine wichtige Steuerungsgröße erklären; aber wäre es seriös, den Vorschlag des Rates von Sachverständigen für Umweltfragen in seinem Gutachten 1994 in die Prognoseszenarien zu übernehmen, nachdem eine kontinuierliche, spürbare und berechenbare Anhebung des EU-weit geltenden Mindestsatzes der Mineralölsteuer umgesetzt werden sollte? Was sind „ökologisch richtige" Preise für Verkehrsleistungen, und wie sollen sie berechnet werden? Diese Forderungen zu erheben verbessert noch nicht die Wettbewerbssituation der Bahn. Oder: Führen entfernungs- und zeitabhängige Straßenbenutzungsgebühren nur - oder in welchem Umfang - zu Verdrängungseffekten auf das nachgeordnete Verkehrsnetz mit neuen Belastungen in Siedlungsbereichen? Und wie wirken sie auf die Bedienungssituation im Ländlichen Raum?

Die einen halten diese Fragen für untersuchungs- und klärungsbedürftig, andere halten diese denkbaren Instrumente für Marterwerkzeuge aus der Folterkammer planwirtschaftlicher Ideologen zur Strangulierung des Wettbewerbs mit nachhaltigen Bremsspuren für Wirtschaftswachstum und Beschäftigung, zur dirigistischen Lenkung der Verkehrswirtschaft, denen weitere Eingriffe zwangsläufig folgen müssen. Aber wären sie bei einer vertretbaren Dosierung ihres Einsatzes im Sinne einer ökologisch orientierten sozialen Marktwirtschaft nicht auch systemverträglich zu gestalten? Mir scheint, daß zumindest eine ökologisch ausgerichtete Raumordnungspolitik im Sinne der Grundsätze des aktuell geltenden Bundesraumordnungsgesetzes auf den dosierten Einsatz einiger dieser Instrumente wohl angewiesen sein wird. Denn die raumverträgliche Beeinflussung der Verkehrsinfrastruktur stößt offensichtlich an ihre Grenzen. Sie muß wohl flankiert werden durch eine zielkonforme Preis- und Ordnungspolitik. Wie denn sonst sollen die ehrgeizigen CO_2-Minderungsziele der Bundesregierung (25% bis zum Jahre 2005) erreichbar gemacht werden?

Ich glaube, auf diesem Gebiet geht es nicht nur um die richtigen Ziele, sondern auch um die Dosierung des richtigen Mitteleinsatzes. Die Akademie für Raumforschung und Landesplanung hat hier ein ergiebiges Feld für interdisziplinäre wissenschaftliche Arbeit, für die Auswertung vielfältiger Forschungsansätze und Untersuchungen, für die Entwicklung anwendungsorientierter, d.h. weiterführender Modelle und Instrumentarien: genug Stoff also auch für Streitgespräche, wofür wir laut Programm auch diese Tage unserer Wissenschaftlichen Plenarsitzung 1994 nutzen sollten.

DIETER LÄPPLE

Die mobile Gesellschaft und die Grenzen des Raumes

1. Krise oder Entfesselung des Verkehrssystems?

Unser Verkehrssystem befindet sich - so die Opinio communis - in einer Sackgasse. Es vergeht kaum eine Woche, in der nicht durch Presse oder Fernsehen das „Chaos auf unseren Straßen", der „Stau ohne Grenzen", die „drohende Umweltkatastrophe", der „Tod unserer Innenstädte" oder der „bevorstehende Verkehrsinfarkt" beklagt wird.

Trotz der nicht zu leugnenden Krisenphänomene, die direkt oder indirekt mit dem Verkehr auf unseren Straßen und in unseren Städten verbunden sind, halte ich es jedoch nicht für angebracht, von einer *Krise des Verkehrssystems* zu sprechen. Im Gegenteil: Unser Verkehrssystem, das in hohem Maße durch den Straßenverkehr geprägt ist, befindet sich nach wie vor in einem ausgesprochen dynamischen Entwicklungsprozeß. Weder zeichnet sich der seit Jahrzehnten angekündigte Gipfel der Motorisierung ab noch eine Abschwächung, geschweige denn eine Stagnation des Wachstums des Straßenverkehrs.[1] Vor allem der LKW-Verkehr verzeichnet - unbeeindruckt von einer sich verschärfenden Kritik an der „Lasterplage" - geradezu sprunghafte Wachstumsraten. Die allseits als umweltfreundlich gepriesene Bahn bleibt dabei hoffnungslos auf der Strecke.[2]

Wenn man die Entwicklung der Motorisierung der Haushalte bzw. der Bevölkerung als einen möglichen Indikator für die zukünftigen Entwicklungspotentiale des Verkehrssystems nimmt, so ergeben sich aus einem transnationalen Vergleich einige interessante Einsichten. In Abb. 1 ist der zeitliche Verlauf des Motorisierungsgrades (Anzahl der Autos je 100 Einwohner) für verschiedene Länder dargestellt.[3]

Aus dieser Darstellung lassen sich zunächst folgende Trends erkennen:

- In keinem Land zeichnet sich bisher eine mögliche Sättigung des Motorisierungsgrades ab. Für die Beurteilung der zukünftigen Entwicklungen in den europäischen Ländern ist der Verlauf der Kurve der USA bemerkenswert. Selbst bei einem PKW-Besatz von über 70 Prozent zeigt sich in den USA noch keine Abschwächung der Motorisierung der Gesellschaft. (Ein wichtiger Grund dafür ist, daß Haushalte zusätzlich zu ihren 'Universal'-PKWs zunehmend Spezialfahrzeuge für den Freizeitverkehr (Geländewagen, Camper etc.) kaufen.)

- Die Entwicklung der Motorisierung der verschiedenen Länder korreliert in hohem Maße mit der Entwicklung des Pro-Kopf-Einkommens. Diese Einkommensabhängigkeit der Motorisierung zeigt sich sowohl im konjunkturellen Verlauf innerhalb der Länder als auch in den Niveau-Unterschieden zwischen den Ländern. Einen etwas modifizierten Verlauf zeigen die Kurven von Japan und den Niederlanden. Beides sind Länder mit einer überdurchschnittlichen Bevölkerungsdichte und einem stark ausgebauten öffentlichen Verkehrssystem.

Dieser transnationale Vergleich läßt es als sehr wahrscheinlich erscheinen, daß bei unveränderten Rahmenbedingungen der Motorisierungsgrad in Deutschland - trotz der Kassandrarufe von Umweltschützern und Presse - weiter zunehmen wird. Eine. Sättigungsgrenze ist vorerst nicht in Sicht. Zwar sind fast alle berufstätigen Männer motorisiert, aber erhebliche „Motorisierungsreserven" gibt es noch bei Frauen, Senioren und Jugendlichen. So ist vor allem zu erwarten, daß eine Zunahme der Frauener-

Abb. 1: Anzahl der Autos je 100 Einwohner

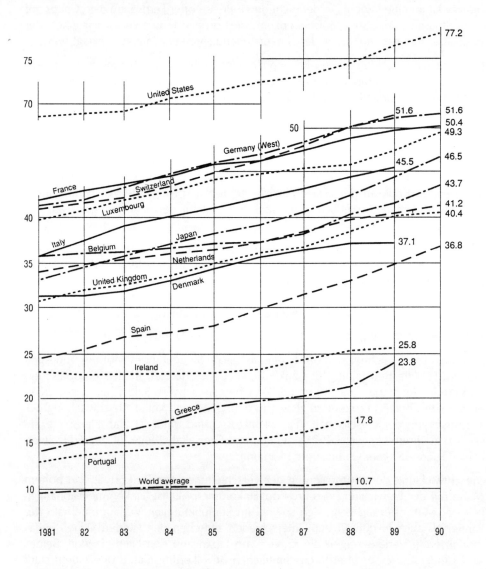

Quelle: ECMT: Transport Growth in Question, 1993, S. 55

werbstätigkeit mit einer weiteren Motorisierung verbunden sein wird. Angesichts der Gewalttätigkeit städtischer Lebensverhältnisse ist für Frauen das Auto vielfach bereits heute eine Voraussetzung ihrer Mobilität außerhalb gängiger Tageszeiten und „sicherer" öffentlicher Räume.

Darüber hinaus wird sich voraussichtlich auch bei uns der Trend zum Zweit- und Drittfahrzeug durchsetzen. In diesem Sinn ist wohl der geplante Einstieg der großen Automobilfirmen in die Produktion von Stadtautos und die sog. Drei-Liter-Autos zu interpretieren.

Betrachtet man auf der Abb. 1 die große Spannbreite des Motorisierungsgrades innerhalb der Europäischen Gemeinschaft (zwischen Portugal und Deutschland), so kann man sich leicht vorstellen, daß es außerordentlich schwierig sein wird, auf EG-Ebene politische Rahmenbedingungen durchzusetzen, die geeignet wären, das Wachstum des Straßenverkehrs zu bremsen oder gar den Straßenverkehr zugunsten umweltverträglicherer Verkehrsträger zurückzudrängen.

Eine bisher noch gar nicht zu übersehende Dramatik zukünftiger Gesellschafts- und Umweltentwicklung deutet sich mit der Kurve „world average" an. Berücksichtigt man, daß in diesem Weltdurchschnitt auch die außerordentlich hohe Motorisierung der Industrieländer enthalten ist, so bekommt man einen Eindruck von dem extremen Wohlstandsgefälle innerhalb der Weltgesellschaft. Daraus ergibt sich ein kaum lösbares Dilemma: Aus humanitären Gründen sowie im Interesse einer politischen Stabilisierung unserer Weltgesellschaft muß alles versucht werden, in den Ländern, in denen die Mehrheit der Bevölkerung arm ist, einen Entwicklungsprozeß in Gang zu bringen, der zu einer signifikanten Pro-Kopf-Steigerung des verfügbaren Einkommens und damit zu einer Zurückdrängung der Armut führt.[4] Mit einer Steigerung des Einkommens wird jedoch auch ein entsprechender Anstieg der Motorisierung verbunden sein. In Ländern wie der Volksrepublik China ist bereits eine derartige wechselseitige Dynamik von Einkommenssteigerung und Motorisierung in Gang gekommen.

Dabei sind sich die Klimaforscher einig, daß es bereits bei einer Fortsetzung der heutigen Emissionen bis zur Mitte des nächsten Jahrhunderts zu einer globalen Erwärmung der Erdatmosphäre von 3 +/- 1,5 °C kommen wird.[5] Eine Übertragung unseres Wirtschafts- und Verkehrssystems auf die Schwellen- und Entwicklungsländer würde mit Sicherheit die ökologische Tragfähigkeit der Erde bei weitem überfordern. Aber können die Industrieländer ihr Zivilisations- und Mobilitätsmodell diesen Ländern vorenthalten?

Die Betrachtung des Motorisierungsgrades gibt noch keine unmittelbare Einsicht in das tatsächliche Verkehrsgeschehen. Mit den skizzierten Entwicklungsprozessen und -trends sollte zunächst nur veranschaulicht werden, wie ungewöhnlich dynamisch sich der Straßenverkehr entwickelt. In diesem Sinne möchte ich meine eingangs formulierte These noch einmal aufgreifen und zuspitzen: Nicht unser Verkehrssystem befindet sich in einer Krise, sondern unsere Raum- und Siedlungsstrukturen, die städtischen Lebensräume, die lokale und regionale Umwelt sowie das globale Ökosystem sind einer krisenhaften Belastung durch ein Verkehrssystem ausgesetzt, das sich aus seiner „dienenden" Rolle befreit und in ein sich selbstverstärkendes System transformiert hat.[6]

Nun bilden Verkehrssysteme als „Raumüberwindungssysteme" immer einen wechselseitigen Wirkungszusammenhang mit den Raumstrukturen von Wirtschaft und Gesellschaft. Insofern mag die These, daß sich nicht das Verkehrssystem, sondern die räumlichen Strukturen der Gesellschaft in einer Krise befinden, als spitzfindig empfunden werden. Ein Rückblick auf frühere Krisen von Verkehrssystemen soll verdeutlichen, daß die in meiner These angelegte Differenzierung sinnvoll und notwendig ist.

Die Geschichte der Verkehrssysteme vollzog sich nicht als lineare Entwicklung, sondern als Sukzession unterschiedlicher Systeme, wobei der Übergang von einem System zum anderen fast immer mit Krisen und Konflikten verbunden war. So führte beispielsweise in den Städten des 19. Jahrhunderts die Abhängigkeit des Personenverkehrs von der fußläufigen Raumüberwindung zu einer zunehmenden Blockade der Stadtentwicklung. Durch die geringe Leistungsfähigkeit des täglichen *Fußgängerverkehrs* war die räumliche Ausdehnung dieser „Fußgängerstädte" sehr begrenzt. Bevölkerungszunahmen waren fast nur im Rahmen immer stärkerer Verdichtung möglich, was vielfach zu unerträglichen Wohnverhältnissen und einer Zuspitzung sozialer Mißstände geführt hat.

Ein Ausbruch aus dieser Blockade ergab sich durch die Nutzbarmachung von Rad und Schiene zur Beförderung von Gütern und Personen um die Mitte des 19. Jahrhunderts. Die Einführung schienengebundener Wagen, die von Pferden gezogen oder später mit Dampfkraft angetrieben wurden, ermöglichte eine räumliche Ausdehnung der Stadt. In Amerika entstanden seit etwa 1870 sogenannte „streetcar suburbs" und in den deutschen Städten vergleichbare „Straßenbahnvorstädte".[7]

Die Leistungsfähigkeit dieses *frühen öffentlichen Verkehrssystems* stieß jedoch auch bald an seine Grenzen. Bereits zwischen 1880 und 1900 bahnte sich in den großen Städten die zweite Krise an. Eine wesentliche Ursache dafür war die zunehmende räumliche Trennung von Wohn- und Arbeitsstätten als Folge der Industrialisierung. Vor allem in Großstädten wie Paris, London, New York oder Berlin entstand dadurch ein Berufsverkehr, der mit den Pferde- oder Dampfstraßenbahnen nicht mehr bewältigt werden konnte. „Angehörige der Mittelschicht waren in der Lage, in die angenehmeren Wohngegenden, in die Vorstädte, auszuweichen, die Masse der Arbeiter aber nicht. Sie lebten beengt in heruntergekommenen Stadtvierteln, etwa in den Berliner Mietskasernen - unter Wohnbedingungen also, die den Protest der Reformkräfte jener Zeit hervorriefen."[8] Erst der Bau von elektrischen Straßenbahnen, von Eisenbahnen sowie der elektrischen Untergrundbahnen ermöglichte eine neue Phase städtischer Entwicklung.

Die folgende Krise, die Krise des *öffentlichen Massentransportsystems*, ergab sich aus dem Zusammenspiel von systemimmanenten Ursachen - wie der Starrheit der Netze und der hohen Fixkosten - mit der sich verschärfenden Konkurrenz durch das Automobil. Gleichzeitig begünstigte das Auto wiederum eine siedlungsstrukturelle Entwicklung, für die das netzgebundene System des öffentlichen Personenverkehrs nicht geeignet war.

Angesichts der sich abzeichnenden Schwierigkeiten des öffentlichen Stadtverkehrs erfolgte in Los Angeles bereits Mitte der 20er Jahre eine Weichenstellung städtischer

Verkehrsplanung, die sich als paradigmatisch erweisen sollte. Zu diesem Zeitpunkt war Los Angeles noch eine relativ zentralisierte Stadt mit einem lebendigen Stadtkern und einem sehr effizienten öffentlichen Verkehrssystem. Die großen roten Straßenbahnen des „Pacific Electric System" befuhren ein Streckennetz von mehr als 1600 km Länge, wurden jedoch bereits in den 20er Jahren mit der Konkurrenz eines schnell wachsenden Autoverkehrs konfrontiert. Als der Autoverkehr in der Innenstadt schließlich eine unzumutbare Dichte erreicht hatte und gleichzeitig das öffentliche Verkehrssystem mit sinkenden Einnahmen konfrontiert war, stand die Stadt vor der Alternative: „entweder der Ausbau des öffentlichen Verkehrsnetzes oder - so der Vorschlag des Automobilclubs von Süd-Kalifornien - die Schaffung eines umfassenden neuen Straßennetzes."[9]

Nach einem Referendum entschied sich Los Angeles gegen einen weiteren Ausbau seines öffentlichen Verkehrssystems und setzte mit dem Bau neuer Straßen ganz auf das Auto. Diese Weichenstellung wurde offensichtlich so konsequent vollzogen, daß das schienengebundene Nahverkehrssystem verfiel oder aufgelöst wurde.[10] Mit dem Niedergang des öffentlichen Verkehrssystems verfiel auch das Stadtzentrum, und es bildete sich die dezentrale Siedlungsstruktur einer „Autostadt" heraus, die prägend wurde für das Bild der neuen amerikanischen Stadt.

Der Weg, den Los Angeles mit dieser Entscheidung eingeschlagen hat, prägte die Verkehrsplanung der Nachkriegszeit in nahezu allen anderen Städten der Welt - ein Weg, der eine Auflösung der historischen städtischen Strukturen eingeleitet hat und durch den heute die Tradition der europäischen Stadt in Frage gestellt ist.

Zunächst noch einmal zurück zu der oben formulierten These. Im historischen Rückblick zeigt sich, daß Verkehrssysteme immer dann in eine Krise gerieten, wenn ihr Leistungs- oder Anpassungsvermögen an systembedingte Grenzen stieß und sie damit als Barriere der Stadt- und Gesellschaftsentwicklung erfahren oder empfunden wurden. Unsere heutigen Probleme resultieren jedoch nicht aus der mangelnden Leistungs- und Anpassungsfähigkeit des Straßenverkehrs, sondern aus dem *massenhaften Erfolg des Automobils und des Lastkraftwagens*.

Nun kann zwar eingewendet werden, daß der immer wieder beschworene „Verkehrsinfarkt" doch tatsächlich ein ernstzunehmendes Krisenphänomen sei. Mit dem Bild des Infarktes wird jedoch nicht eine tatsächliche Krise, sondern eine Durchsetzungs- und Expansionsform des Straßenverkehrs beschrieben: Bei drohenden Selbstblockaden des Verkehrs müssen zur Aufrechterhaltung des Verkehrsflusses „Bypass"-Operationen vorgenommen werden. Und unsere Städte und Siedlungsstrukturen sind in ihrer heutigen Ausprägung im wesentlichen das Resultat erfolgreicher „Bypass"-Operationen. Die dramatische Formel des „Verkehrsinfarktes" beschwört somit nur den Sachzwang einer Verkehrsbewältigungsplanung, die sich aus dem selbstinduzierten Wachstum des Straßenverkehrs ergibt.

2. Widerspruch zwischen Einsicht und Handeln

Vor dem Hintergrund der breiten öffentlichen und fachwissenschaftlichen Diskussion über den motorisierten Verkehr dürfte es in den letzten Jahren kaum jemandem verborgen geblieben sein, daß unser Verkehrssystem mit seinen Auswirkungen auf

Raum- und Siedlungsstrukturen und vor allem auf Umwelt und Klima wesentlich dazu beiträgt, die Bedingungen unserer Fortexistenz zu untergraben.

An Lippenbekenntnissen zu den erforderlichen Veränderungen unseres Mobilitätsverhaltens sowie einer veränderten Verkehrspolitik und -planung fehlt es nicht. Bereits 1989 haben sich die Europäischen Verkehrsminister in einer Resolution auf das Prinzip einer ökologisch nachhaltigen Entwicklung („sustainable development") als Leitbild ihrer zukünftigen Verkehrspolitik festgelegt.[11] Und 1992 hat sich die Bundesregierung auf dem Umweltgipfel in Rio verpflichtet, bis zum Jahr 2005 den CO_2-Ausstoß der Bundesrepublik um 25 bis 30 Prozent zu reduzieren. Allen Experten ist klar, daß dieses Klimaschutzziel ohne eine grundsätzliche Neuorientierung der Verkehrspolitik nicht zu erreichen ist.

Auf die Zuwachsraten des PKW- und LKW-Verkehrs haben diese Vorsätze bisher kaum Auswirkungen gehabt. Und auch in der Verkehrspolitik und -planung ist bisher kein Ansatz erkennbar, der geeignet wäre, die Dynamik einer sich selbst verstärkenden Verkehrsspirale zu bremsen.[12]

Der Widerspruch zwischen dem Festhalten an den „Sachzwängen" eines automobilen Verkehrssystems und der allgemein akzeptierten, aber offensichtlich folgenlosen Einsicht in die Notwendigkeit einer grundlegenden „Verkehrswende"[13] zieht sich wie ein dissonantes Leitmotiv durch das Verkehrs- und Mobilitätsverhalten unserer Gesellschaft.

Dieser Widerspruch bestimmt aber nicht nur die Politik, sondern spiegelt sich auch im Alltagsverhalten wider. Dirk Maxeiner zeichnet folgendes Bild von der zerrissenen Seelenlage der „Autoopfer" und „Autotäter":

„Der Blick in Meinungsumfragen belegt: In Deutschland leben 80 Millionen unschuldige Autoopfer, verzehrt von der Sorge um das Klima und den Wald, gepeinigt vom Bodenozon und dem Lärm der Ausfallstraße. Ein Blick in die Zulassungsstatistik belegt ferner: Verantwortlich für den Terror ist ein Heer von 38 Millionen motorisierten Ignoranten. Ein Abgleich beider Zahlen schließlich offenbart: Kläger und Beklagte sind in unbekümmerter Tateinheit dieselben. ... Die meisten Deutschen lieben das Auto. Viele Deutsche leben vom Auto. Und außerdem würden alle gemeinsam das Auto noch ein bißchen abschaffen. Vielleicht nicht gerade jetzt, sondern erst, wenn es uns wirtschaftlich wieder bessergeht." [14]

Eine mögliche Erklärung für die kollektive Schizophrenie bei der „Freiheit in der Wahl der Verkehrsmittel" gibt Wolfgang Sachs in seiner klugen Studie „Die Liebe zum Automobil". Bei der privaten Nutzenabwägung des Gebrauchs eines Autos stellt er eine seltsame Asymmetrie fest: Offensichtlich „schlagen nur die Vorteile zu Buche, sie lassen sich individuell zurechnen, während sich der Schaden aufs Feinste verteilt und in anderer Leute Rechnung aufscheint. Individualisiert wird der Nutzen, sozialisiert hingegen der Schaden."[15] Aber selbst in einer Situation, in der sich niemand mehr den Schadensfolgen entziehen kann, blockiert immer noch eine „strukturelle Verantwortungslosigkeit" den nötigen Kurswechsel:

„Wer aufs Autofahren verzichtet, für den ist nur gewiß, daß er einen Vorteil preisgibt, jedoch ist keinesfalls sicher, ob andere seinem Beispiel folgen und damit erst der Schadensanfall vermindert wird. Ja, wahrscheinlich ist sogar das Gegenteil: wenn die Zahl der Autos auf der Straße sinkt, lohnt sich für andere das Autofahren wieder und der Verzichtler hat nichts bewirkt außer seiner Deklassierung!"[16]

Die Bedingungszusammenhänge des Verkehrs sind in unserer heutigen Gesellschaft offensichtlich so komplex und so tief eingebunden in eingeschliffene Lebensweisen und verfestigte Interessenslagen, historisch gewachsene Siedlungsstrukturen und wirtschaftsstrukturelle Zusammenhänge, daß Beschwörungen der katastrophalen Folgen des Verkehrs bisher weitgehend folgenlos blieben.

3. Die „Vernichtung des Raumes" und die „Raum-Zeit-Konvergenz"

Die Erarbeitung von Konzepten und Maßnahmen für eine Verkehrswende erfordert meines Erachtens zunächst eine tiefere analytische Einsicht in die komplexen Ursachen und Entstehungsbedingungen des Verkehrswachstums sowie die Klärung der wechselseitigen Rückkopplungsbeziehungen zwischen dem Verkehr und den raum-zeitlichen Organisationsformen sozialer und ökonomischer Prozesse. Als eine besondere Herausforderung für die Raumordnung stellt sich dabei die Aufgabe der Entwicklung verkehrsvermeidender bzw. verkehrssparsamer Raum- und Siedlungsstrukturen. Dies setzt jedoch zunächst ein *neues Denken über den „Raum"* bzw. ein verändertes „Raum- und Mobilitätsverständnis" voraus.[17]

Das vorherrschende Raumverständnis der Verkehrs- und Raumplanung ist geprägt durch die mit der Mechanisierung der Raumüberwindung verbundenen Fortschritts- und Emanzipationserwartungen: das „Schrumpfen" der Entfernung und die damit verbundene Ausdehnung der Aktionsräume von Menschen und Waren.

Angesichts der heutigen 'Leichtigkeit' der Raumüberwindung ist es für uns kaum mehr vorstellbar, welch tiefgreifenden persönlichen Eindruck und welchen Umbruch in den gesellschaftlichen Raumvorstellungen die Konfrontation mit den ersten Eisenbahnen bedeutete. Menschen, deren Fortbewegung und Erlebnishorizont bisher - abgesehen von den sehr seltenen Seereisen - ausschließlich von ihren eigenen physischen Kräften oder der holprigen Fahrt in einem Ochsen- oder Pferdewagen abhängig waren, wurden plötzlich konfrontiert mit dem mechanischen Bewegungsapparat Eisenbahn, der sich auf einem künstlichen Schienenweg mit der Gewalt eines Projektils durch den Raum bewegte.

Eine außerordentlich plastische Schilderung einer derartigen Erfahrung hat uns Heinrich Heine mit seiner Notiz über die Eröffnung der Eisenbahnlinien von Paris nach Rouen und Orléans am 5. Mai 1843 hinterlassen:

„Die ganze Bevölkerung von Paris bildet in diesem Augenblick gleichsam eine Kette, wo einer dem andern den elektrischen Schlag mitteilt. Während aber die große Menge verdutzt und betäubt die äußere Erscheinung der großen Bewegungsmächte anstarrt, erfaßt den Denker ein unheimliches Grauen, wie wir es immer empfinden, wenn das Ungeheuerste, das Unerhörteste geschieht, dessen Folgen unabsehbar und unberechenbar sind. ...

So muß es unsern Vätern zumut gewesen sein, als Amerika entdeckt wurde, als die Erfindung des Pulvers sich durch ihre ersten Schüsse ankündigte, als die Buchdruckerei die ersten Aushängebogen des göttlichen Wortes in die Welt schickte.

Die Eisenbahnen sind wieder ein solches providencielles Ereignis, das der Menschheit einen neuen Umschwung gibt, das die Farbe und Gestalt des Lebens verändert; es beginnt ein neuer Abschnitt in der Weltgeschichte, und unsre Generation darf sich rühmen, daß sie dabei gewesen.

Welche Veränderungen müssen jetzt eintreten in unsrer Anschauungsweise und in unsern Vorstellungen! Sogar die Elementarbegriffe von Zeit und Raum sind schwankend geworden. Durch die Eisenbahnen wird der Raum getötet, und es bleibt uns nur noch die Zeit übrig. ...

In vierthalb Stunden reist man jetzt nach Orléans, in ebensoviel Stunden nach Rouen. Was wird das erst geben, wenn die Linien nach Belgien und Deutschland ausgeführt und mit den dortigen Bahnen verbunden sein werden! Mir ist als kämen die Berge und Wälder aller Länder auf Paris angerückt. Ich rieche schon den Duft der deutschen Linden; vor meiner Türe brandet die Nordsee." [18]

Das „unheimliche Grauen" über die Eisenbahn und deren Fähigkeit, die „Elementarbegriffe von Raum und Zeit" zum Wanken zu bringen, ist längst verflogen. Geblieben ist jedoch die mit der Mechanisierung des Transports verbundene Vorstellung von der „Tötung des Raumes" oder - präziser - von der *„Vernichtung der Distanz-Räume"*. Die Erschließung neuer Räume - und damit die Ausdehnung des Aktions-Raumes - erfolgt durch die Vernichtung der Zwischen-Räume mit den Mitteln der Transporttechnologie. Durch die Geschwindigkeit der mechanisierten Raumüberwindung lösen sich die „Distanz-Räume" zwischen verschiedenen Orten in immer kürzere „Zeit-Räume" zwischen Abfahrt und Ankunft auf.[19]

Dieses Phänomen des „Schrumpfens der Entfernung" zwischen verschiedenen Orten, unter dem Aspekt des „Zeitraumes", der zur Überwindung zwischen den verschiedenen Standorten erforderlich ist, wird mit dem Begriff der *„Raum-Zeit-Konvergenz"*[20] gefaßt. Mit diesem etwas sperrigen Begriff soll das durch die Verkehrstechnik geprägte Verhältnis von „Raum" und „Zeit" erfaßt werden, das Heine mit seiner Formulierung „mir ist als kämen die Berge und Wälder aller Länder auf Paris angerückt" so sehr viel anschaulicher zum Ausdruck gebracht hat.

Die Herrschaft über den Raum durch die technische Operationalisierung der Newtonschen Bewegungsgesetze in der Form der Eisenbahn hatte allerdings ihren Preis. Die Individualität und Ungebundenheit der Kutsche mußte den technischen Zwängen des neuen Massenverkehrsmittels geopfert werden. Statt zu reisen, wurde man nun *„transportiert"*. Die Teilnahme an den Segnungen der neuen Transporttechnologie erforderte die Unterordnung unter die zeitlichen Zwänge des *Fahrplanes*, die Abhängigkeit vom *Schienenweg* und - trotz Erster Klasse und Salonwagen - die Einordnung in die Spielregeln der *Massengesellschaft*.

Das Automobil brachte - so schien es - die Lösung. Es vereinte Maschinenkraft und Individualität. Es ermöglichte nicht nur die Emanzipation von den begrenzten menschlichen und animalischen Fortbewegungskräften, sondern auch die Befreiung von Fahrplan und Strecke. „Ein wahres Auto-mobil, ein selbstbewegliches Gefährt, mit dem man sich weder um Fahrpläne noch um Schienenstrecken zu scheren brauchte, ein Unterpfand für Ungebundenheit und individuellen Genuß, das war die Wahrnehmung, welche vor dem Hintergrund von Bahnhof und Schiene dem Auto seine Anziehungskraft verlieh." [21]

Der Autofahrer war somit „Herr über Raum und Zeit". Denn mit seiner hohen Geschwindigkeit war das Auto eine veritable „Zeitsparmaschine", mit der man „in immer kürzerer Zeit immer weiter fahren" konnte. Und durch die überall verfügbaren Straßen war es auch möglich, jedes beliebige Ziel anzusteuern.

4. Stadt- und Raumbilder - Vom gesellschaftszentrierten Stadtraum zum verkehrsgerechten Transitraum

Mit einigen Stadtbildern aus verschiedenen historischen Perioden soll illustriert werden, wie tiefgreifend die Mechanisierung der Raumüberwindung unsere Anschauungsweise und unsere Vorstellungen vom gesellschaftlichen Raum verändert hat, und wie schließlich die neuen Verkehrsmittel ihre eigenen neuen Raum- und Siedlungsstrukturen entstehen ließen.

Die Darstellung des *Zentrums von Siena* aus dem 18. Jahrhundert (Abb. 2) repräsentiert die Stadt in der Form eines mensch- oder gesellschaftszentrierten Raumes. Der Campo und die Straßenzüge, die das Zentrum mit den Toren und den wichtigsten Monumenten verbinden, sind seit Jahrhunderten Bühnen für das öffentliche Leben der Stadt. Der Architekturraum verkörpert die Werte der Stadtgesellschaft und ist Ausdruck der wirtschaftlichen, politischen und religiösen Macht. Zugleich ist der Stadtraum „Erlebnisraum", der alle Sinne anspricht, der die Stadt auf vielfältige Weise erlebbar macht und Platz bietet für die vielfältigen Selbstdarstellungsformen der städtischen Gesellschaft. Kurz: „un bel teatro".[22]

Das Kontrastbild zu diesem Inbegriff eines „öffentlichen Raumes" bildet die „*Metropolis*"-Phantasie „*Cities of Tomorrow*" aus den 30er Jahren (Abb. 3).[23] Das Bild ist geprägt von dem „Raum-Zeit-Schock" der neuen Transporttechnologien Eisenbahn, Auto und Flugzeug. Die Stadt ist eine riesige, in die Höhe gebaute „Verkehrsmaschine", in der weder Menschen noch irgendwelche Reste des Naturraums zu sehen sind. Gigantische Hochhäuser, verbunden durch ein dreidimensionales Straßen- und Tunnellabyrinth, Hubschrauber-Flugzeug-Landeplätze auf den Dächern der Gebäude, unterirdische Ver- und Entsorgungssysteme und vor allem Verkehr mit einer beispiellosen Geschwindigkeit („...traffic will speed at unheard of rates") - so wird die neue Stadt der Zukunft dargestellt. Kurz: eine in Stahl und Beton gegossene Idee einer „Raumvernichtungs- und Zeitspar-Maschine".

Die Realität der in der zweiten Hälfte des zwanzigsten Jahrhunderts entstandenen Städte hat jedoch keinerlei Ähnlichkeit mit diesen Metropolis-Utopien der 20er und 30er Jahre. An die Stelle der metropolitanen, verdichteten „Verkehrsmaschine" tritt die „Motown", die „Autostadt" mit ihren unendlich weiten Transportpisten der Highways und ihrer konturlosen Ausdehnung von Reihenhäusern, Einkaufszentren und Büroparks.

Abb. 2: Der Campo von Siena

Quelle: DAIDALOS: Berlin Architectual Journal, Heft 10, 15.12.1983, S. 12/13

il Palazzo della Mercanzia

Scala di Palmi Romani

Pianta della Piazza

Veduta della Piazza di Siena illuminata pel solenne ingresso della Seren. VIOLANTE DI BAVIERA G. Principessa di Toscana seguito la sera li 12 Ap.to 1717.

1. Carrozza dell'A R. della Ser.ma
   Principessa Gover. tirata a sei cavalli
2. Carrozza del Sig.r M.ro di Cam. di S.A.R.
   con li Sig.ri Ambasciatori del Pùblico
   tirata à quattro Cavalli
3. Carrozza della Dame di S.A.R. colla
   Dame Ambasciatrice tirata a 4 Cavalli
4. Treno di tutte le Carrozze ripieno di
   Dame e Cav. tirate a due Cavalli
5. Moltitudine di staffieri e Donzelli del
   Pùblico che procedevano con Torce
6. Tutte le Contrade della Cità che colle
   loro Bandiere e Torce facevano
   Vanguardia alla R. A. S.
7. Palazzo del Pùblico tutto illumi-
   nato con Torce, Lumiere e Fanali
8. Ringhiera dell'Ecc.ª Signoria
   illuminata come sopra

9. Cappella di Piazza illuminata come sopra
10. La gran Torre detta del Mangia
    illuminata di faci ardenti
11. Mostra dell'Orologio
12. Palazzo e Ringhiere del Nobil
    Collegio Tolommei illuminato
    con Torce, e Lumiere
13. Palazzo del S. March.e Bonaventu-
    ra Chigi illuminato come sopra
14. Palazzo de Sig.ri Sanioloni ill.to
15. Palazzo e Torre de Sig.ri Campioni
    dette Anti.m.ti Rocca Bruna
16. Palazzo della Mercanzia illumin.to
    come sopra
17. La famosa Fontana d'Fonte Gaia
    illum. con Torce, che in vece
    d'acqua gettava Vino

P.V.

il Palazzo della Mercanzia

Scala di Braccia Sanesi

27

Abb. 3: Cities of Tomorrow

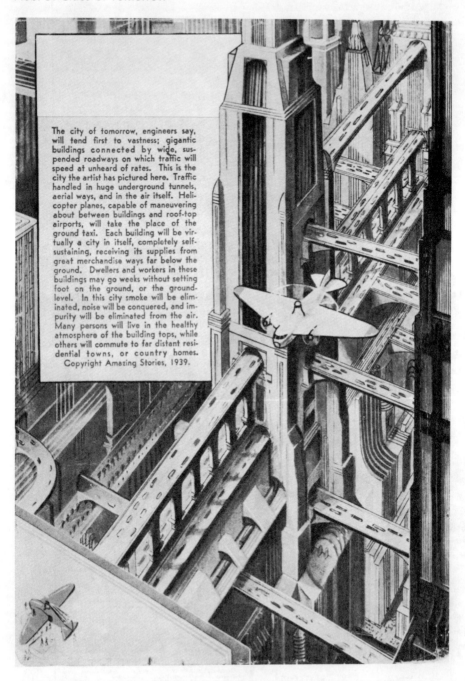

The city of tomorrow, engineers say, will tend first to vastness; gigantic buildings connected by wide, suspended roadways on which traffic will speed at unheard of rates. This is the city the artist has pictured here. Traffic handled in huge underground tunnels, aerial ways, and in the air itself. Helicopter planes, capable of maneuvering about between buildings and roof-top airports, will take the place of the ground taxi. Each building will be virtually a city in itself, completely self-sustaining, receiving its supplies from great merchandise ways far below the ground. Dwellers and workers in these buildings may go weeks without setting foot on the ground, or the ground-level. In this city smoke will be eliminated, noise will be conquered, and impurity will be eliminated from the air. Many persons will live in the healthy atmosphere of the building tops, while others will commute to far distant residential towns, or country homes.
Copyright Amazing Stories, 1939.

Quelle: "AMERICA": Traum und Depression 1920/40, S. 406

Abb. 4 zeigt eine kalifornische „Autostadt" mit ihren überdimensionierten Straßen-
verkehrsanlagen und Einfamilienhäusern, die bis zum Horizont die Landschaft über-
schwemmen.[24]

Die Autostadt ist das manifeste Resultat der Umkehrung der mit dem Automobil
verbundenen Freiheitserwartungen. Der individuelle Traum von der selbstbestimmten
Mobilität führte durch die Massenmotorisierung zu einem automobilen Mobilitätszwang.
In diesen weitläufigen Siedlungsstrukturen können Menschen gar nicht ohne Auto leben. Eine öffentliche Verkehrsbedienung ist durch die geringe Siedlungsdichte wirtschaftlich nicht möglich.

Abb. 4: Autostadt in Kalifornien

Quelle: Kurt Leibbrand: Stadt und Verkehr, S. 76

Angesichts der jahrhundertelangen Tradition europäischer Städte mit ihren persi-
stenten Raumstrukturen erscheinen diese „Auto-Stadt-Landschaften" auf den ersten
Blick als ein typisch nordamerikanisches Problem. Ein Blick auf die immer weiter aus-
ufernde Peripherie unserer Städte macht jedoch schnell deutlich, daß wir uns längst auf
dem Weg zum nordamerikanischen Siedlungsmodell der autoorientierten Stadtlandschaften bewegen. Die Auflösung der traditionellen europäischen Städte in die Tep-
pichurbanisierung der Suburbia mit ihren autokundenorientierten Einkaufszentren, Fach-
märkten, Multiplexkinos, Fastfood-Restaurants, ihren Schlafstädten, Büroparks, Disko-
theken und „Automeilen" ist in vollem Gange.

Abb. 5: Stadtautobahn in Genua

Quelle: Emma Serra: Genua - Herstellung einer Stadtlandschaft, in: DAIDALOS, Heft 48, Dez. 1991, S. 58

Ein für die europäische Stadtentwicklung bzw. Stadtauflösung typisches Bild zeigt Abb. 5: einen Bildausschnitt eines historischen Innenstadtraumes nach seiner Transformation in einen verkehrsgerechten Transitraum.[25]

5. Das „Verfließen der Städte in die Landschaft"

Die in Abb. 5 dargestellte Form der Stadtzerstörung ist das - möglicherweise nicht intendierte - Resultat einer Verkehrsplanung, deren Raumverständnis geprägt ist durch die ungebrochene Tradition der Mechanisierung und Motorisierung der Raumüberwindung. „Raum" wird dabei primär als Hindernis zwischen verschiedenen Standorten betrachtet, als zu überwindender „Zwischen-Raum" zwischen verschiedenen gesellschaftlichen Funktionsbereichen. Entsprechend diesem Raumverständnis ist primäres Ziel der Entwicklung der Verkehrstechnologie und der Verkehrsplanung die *Verringerung des „Raumwiderstandes"* (i.S. von Entfernungswiderstand) bzw. die *Erhöhung der „Durchlässigkeit des Raumes"*.

In der Folge einer derartigen Zielsetzung der Verkehrsplanung werden öffentliche Räume, wie Straßen und Plätze, transformiert in verödete Transitstrecken, die soziale und ökologische Lebensräume durchschneiden und von den Autofahrern nur noch als ein zu überwindendes Hindernis zwischen Start und Ziel erfahren werden. Für Anwohner und Fußgänger werden diese Verkehrsschneisen zur Dauerbelastung, für Kinder und Alte zur kaum überwindbaren Barriere und vielfach zur tödlichen Gefahr.

Mit einer Verkehrspolitik der Verringerung des „Raumwiderstandes" durch Engpaßbeseitigung und bedarfsgerechten Ausbau der Straßeninfrastruktur wird der kumulative Circulus vitiosus einer sich selbst verstärkenden und zugleich immer wieder selbst blockierenden Verkehrsentwicklung in Gang gehalten. Dieser „Teufelskreis" einer *„Verkehrsspirale"* bleibt jedoch nicht auf den Verkehr beschränkt, sondern ist unmittelbar verschränkt mit einem *„Teufelskreis" der Suburbanisierung bzw. der Stadtauflösung:* Die Randwanderung von Wohnfunktionen führt zu einem verstärkten Verkehr zwischen Stadt und Umland; zur Bewältigung dieses Verkehrs ist ein Ausbau der Straßen erforderlich, wodurch Wohnungen zerstört und die Wohn- und Umweltqualität in der Stadt verschlechtert werden. Wer es sich leisten kann zieht ins Umland, wodurch der Verkehr wiederum verstärkt wird. Immer mehr städtische Funktionen werden von der Suburbanisierung erfaßt. Der Handel folgt dem Wohnen, die unternehmensorientierten Dienstleistungen der Industrie. Die Stadtlandschaften ufern weiter aus, die Nutzungsstrukturen werden noch einseitiger, die Verkehrswege länger, die Abhängigkeit vom Automobil größer, und das öffentliche Verkehrssystem wird degradiert zum „Restverkehrsmittel" für diejenigen, die aus ökonomischen oder Altersgründen über kein Auto verfügen.[26]

Nun kann man sich natürlich auch die Frage stellen, warum diesem „Verfließen der Großstädte in die Landschaft"[27] nicht nachgegeben werden soll. Denn es ist nicht zu bestreiten, „daß unsere modernen Großstädte, bevor die große Flucht ins Grüne einsetzte, Produkte des Eisenbahnzeitalters waren ...".[28]

Technisch wäre die Auflösung der Städte sicherlich kein Problem. Bleiben die Fragen, ob die Mobilitätskosten dieser Stadtlandschaften auf Dauer bezahlbar und ob so aufgelockerte Siedlungsstrukturen ökologisch verträglich sind?

Im Hinblick auf beide Fragen sind gravierende Bedenken anzumelden. Wenn das allgemein akzeptierte Prinzip der „Kostenwahrheit" konsequent angewendet wird, wenn also die Verkehrsteilnehmer die externen Kosten (inkl. der ökologischen und sozialen Kosten) des motorisierten Individualverkehrs entsprechend dem Verursacherprinzip tragen müssen, führt dies zu einer wesentlichen Verteuerung des Verkehrs.[29] Für einen größeren Teil der Bevölkerung sind damit die Mobilitätskosten nicht mehr ohne weiteres bezahlbar. Auf die Unverträglichkeit unseres Raum-Verkehr-Modells mit der ökologischen Tragfähigkeit der Erde habe ich bereits vorne hingewiesen.[30]

Außer Kosten, Flächenverbrauch und Umweltbelastung gibt es jedoch noch einen weiteren, gravierenden Einwand gegen die Auflösung der Städte, nämlich die Frage der Zukunftsfähigkeit unserer Städte und Siedlungsstrukturen. Es ist zu erwarten, daß durch die zunehmende Stadtauflösung sozialräumliche Strukturen entstehen, die im Gegensatz zu den tradierten städtischen Strukturen keine eigene Regenerationskraft mehr besitzen. Wenn ich mich also explizit gegen die Tendenz der Entstädterung ausspreche und an der Tradition der europäischen Stadt festhalten möchte, so geht es mir dabei nicht (nur) um eine ästhetische oder normative Vision, sondern ich stütze mich dabei auf die These, daß in unseren Städten mit ihren vielfältigen, ineinandergreifenden Funktionen und ihren komplexen Kooperationsbezügen im historischen Verlauf Strukturen entstanden sind, die - wie die lange Geschichte der Städte beweist - eine Regenerationsfähigkeit aus sich selbst heraus haben. Die Auflösung der Stadt bedeutet vor allem die Unterminierung dieser Regenerationsfähigkeit.

6. Circulus vitiosus automobiler Mobilität

Die Mechanisierung und Motorisierung der Raumüberwindung hat die Mobilitätsmöglichkeiten und Mobilitätszwänge unserer Gesellschaft enorm gesteigert. Nachdem die Menschheit im Verlauf ihrer Zivilisationsgeschichte Jahrtausende benötigt hat, um seßhaft zu werden, Lebensräume zu erschließen und stabile gesellschaftliche Zusammenhänge zu entwickeln, scheint unsere heutige Zivilisation von einer neuen Form des Nomadentums erfaßt zu sein. Mobilität in ihren unterschiedlichen Ausprägungen, als räumliche, soziale und mentale Mobilität, ist offensichtlich eines der zentralen Kennzeichen der Moderne.

Die Erfassung und Erklärung dieses Phänomens ist jedoch außerordentlich schwierig. Es ist nicht nur in vielfältiger Weise normativ besetzt, sondern steht auch in einem komplexen Wechselverhältnis mit anderen gesellschaftlichen Prozessen, insbesondere mit gesellschaftlichen Ausdifferenzierungen wie der Arbeitsteilung, mit der Enttraditionalisierung überkommener Lebensformen und nicht zuletzt mit der ökonomisch-technologischen Entwicklung.

In meinen Ausführungen beschränke ich mich weitgehend auf die sogenannte *Verkehrsmobilität*, die alltäglichen Ortswechsel, die vor allem aus der räumlichen Trennung der elementaren Lebensfunktionen Wohnen, Arbeiten, Versorgen und Erholen resultieren. Der Verkehrsmobilität kommt die Rolle eines räumlichen Vermittlungsprozesses zu, über den sich der tägliche Lebenszusammenhang der Menschen in seiner schicht- und lebenszeitspezifischen Ausprägung herstellt.

Das Mobilitätsverständnis wird gemeinhin mit der Vorstellung der „Raumüberwindung" verknüpft und dabei vielfach mit der *Auto-Mobilität* gleichgesetzt. Der Besitz eines Autos wird noch immer mit der Erwartung einer Zeitersparnis und zunehmender Freiheitspielräume verknüpft. Durch den gesellschaftlichen Konsens einer unbegrenzten Verkehrserreichbarkeit und Raumerschließung wird dem Autoverkehr ein weitgehend ubiquitäres Straßennetz zur Verfügung gestellt, während sich das öffentliche Verkehrssystem in einer Abwärtsspirale von Angebotsverschlechterung und sinkendem Anteil an der gesamten Verkehrsleistung befindet.

Bei einer Betrachtung der Mobilitätsentwicklung während der letzten drei oder vier Jahrzehnte entpuppen sich die mit dem Besitz eines Autos verbundenen Erwartungen als äußerst trügerisch. Verschiedene empirische Studien zeigen, daß sich trotz der enorm gestiegenen Verkehrsleistungen seit den 50er Jahren die Gesamtzahl der „außerhäusigen Bewegungsvorgänge" pro Person nur geringfügig verändert hat. Dagegen haben sich jedoch die Fortbewegungsarten bzw. die Verkehrsmittelwahl und die Länge der zurückgelegten Strecken grundlegend verändert. Fußwege und Fahrten mit dem Fahrrad wurden in hohem Maße durch Fahrten mit dem Auto ersetzt, und die zwischen den Zielen zurückgelegten Entfernungen wurden immer größer.[31] Dementsprechend stellt auch die Enquete-Kommission „Schutz der Erdatmosphäre" fest: „Man führt zwar kaum mehr Aktivitäten durch, 'verbraucht' dabei jedoch immer mehr Verkehrsleistung."[32]

Die durch Motorisierung und bessere Straßen erhöhte Fahrtengeschwindigkeit führt somit in der Regel nicht zur Einsparung von Reisezeit und zu größeren Freiheitsspielräumen, sondern zu einer weiteren Ausdehnung der Entfernungen zwischen den verschiedenen sozialen, kulturellen und ökonomischen Bereichen des täglichen Lebens.[33]

Die steigende individuelle Beweglichkeit wird gewissermaßen unterlaufen und aufgehoben durch eine Extensivierung der gesellschaftlichen Raumstrukturen, eine städtebauliche Entmischung und eine Ausdünnung der Versorgungs- und Dienstleistungseinrichtungen im Nahbereich. Bei den verschiedenen Standortentscheidungen wird die Verfügbarkeit eines Automobils immer schon unterstellt. Die massenhafte Einführung des Autos hat also nicht dazu geführt, daß die Mobilität im Sinne von Chancen und Wahlmöglichkeiten gestiegen ist, sondern es wurde vor allem die Abhängigkeit vom Auto verstärkt. Aus der Mobilitätsmöglichkeit wurde ein *Mobilitätszwang*, und für die Menschen, die über kein Auto verfügen, führte diese Entwicklung zu einer *Mobilitätseinbuße*.

Um diesen Circulus vitiosus automobiler Mobilität zu durchbrechen, bedarf es eines anderen Mobilitätverständnisses, das nicht mehr ausgerichtet ist auf die Möglichkeit der Raumüberwindung („der Weg ist das Ziel"), sondern auf die Inwertsetzung des Raumes („der Weg zum Ziel").

7. Der Siegeszug des LKW im verkehrspolitischen Windschatten des PKW

In den letzten Jahrzehnten konzentrierte sich die öffentliche und fachwissenschaftliche Aufmerksamkeit überwiegend auf den PKW-Verkehr. Dies ist zunächst unmittelbar einsichtig. Denn in der Folge der Massen-Motorisierung der Nachkriegszeit haben sich nicht nur - wie bereits ausgeführt - die räumlichen Siedlungs- und Nutzungsstrukturen und die Gesichter von Städten und Dörfern tiefgreifend verändert, sondern es wurde auch deutlich, daß sich die Nutzungsmöglichkeiten individueller Verkehrsmittel um so mehr verschlechtern, je weiter verbreitet ihr Gebrauch ist. Das regelmäßige Verkehrschaos in den Städten und auf den Autobahnen sowie die indirekten Masseneffekte der Autonutzung, wie Smog- und Ozonbelastung, 'saurer Regen' oder 'Waldsterben', sind dafür manifeste Beweise.

Die vielfältigen nichtintendierten Rückwirkungen des PKW-Verkehrs auf Mensch, Umwelt und Siedlungsstrukturen ließen die Frage der Auto-Mobilität bereits Ende der 60er Jahr zum Kristallisationspunkt einer zunehmend breiter werdenden Kritik an einer einseitig auf das Auto ausgerichteten Verkehrspolitik und -planung werden.

Der LKW-Verkehr wurde in der Verkehrsdiskussion lange Zeit kaum thematisiert. Im Vergleich zum Personenverkehr schien er in seinem Umfang zu unbedeutend und in seinen Organisationsformen und Verschränkungen mit wirtschaftlichen Funktionen zu kompliziert, um ein breites Interesse auf sich zu ziehen. Gewissermaßen im verkehrspolitischen „Windschatten" des PKW und außerhalb der öffentlichen Aufmerksamkeit vollzog sich der unaufhaltsame Aufstieg des LKW zum dominanten Gütertransportmittel.[34]

Erst in den letzten Jahren rückte der LKW-Verkehr stärker ins Zentrum der verkehrs-, umwelt- und stadtentwicklungspolitischen Diskussion. Dazu hat sicherlich die verschärfte Konkurrenz mit dem PKW-Verkehr um den immer knapper werdenden Straßenraum beigetragen. Wichtige Auslöser für die Kritik an der „Lasterplage" waren jedoch vor allem die neuen „Just in time"-Strategien von Industrie und Handel sowie die immer stärker werdenden Transitverkehre ausländischer Lastwagen.

Inzwischen wird auch von einer breiteren Öffentlichkeit wahrgenommen, daß die vom LKW-Verkehr ausgehenden Belastungen und Gefährdungspotentiale - in Form von Schadstoff- und Lärmemissionen, Erschütterungen, Unfällen und Landschaftsverbrauch etc. - kaum hinter denen des PKW-Verkehrs zurückstehen, in manchen Aspekten sogar noch gravierender sind.

Wie kam es zu dem enormen Anstieg des Straßenverkehrs und der geradezu erdrückenden Dominanz des LKW gegenüber dem traditionellen Gütertransportsystem Eisenbahn?

Bei der Beantwortung dieser Frage sind wir zunächst mit einem Paradox konfrontiert. Der wirtschaftliche Strukturwandel ist verbunden mit einer Tendenz zur „Entmaterialisierung" des Wirtschaftswachstums, d.h. der Umschichtung des Sozialproduktes von geringwertigen, material- und energieintensiven Gütern zu hochwertigen, dienstleistungs- und forschungsintensiven Produkten. Dies müßte eigentlich dazu führen, daß die zu transportierenden Güter immer kleiner und leichter werden.

Leider stimmt diese Auswirkung des sogenannten „Güterstruktureffektes" nur im Hinblick auf das Güterverkehrsaufkommen (in Tonnen gemessen). Mit dem wirtschaftlichen Strukturwandel ist nämlich zugleich eine Ausdifferenzierung der funktionalen und räumlichen Arbeitsteilung, eine Verringerung der Fertigungstiefe sowie eine räumliche Ausdehnung der Produktions- und Marktzusammenhänge verbunden.

Diese Entwicklungen haben eine doppelte Folge: Zum einen werden die *Transportrelationen immer komplexer und die zurückgelegten Verkehrswege länger*, wodurch die Güterverkehrsleistung (gemessen in Tonnenkilometern) steigt. Zum anderen führen die differenziertere Arbeitsteilung und die verringerte Fertigungstiefe zu völlig neuen Transporterfordernissen. Die hochwertigen und zeitkritischen Waren lassen sich nicht mehr entsprechend der Logik von materialintensiven Massengütern transportieren. Durch die kleineren Sendungsgrößen und die zunehmende *'Individualisierung' der Transportwege* nimmt die Bündelungsmöglichkeit der Transportströme deutlich ab, und der Anspruch an *Flexibilität, Schnelligkeit und Berechenbarkeit* nimmt zu.

Die traditionellen, netzgebundenen *Massengutverkehrsträger* Eisenbahn und Binnenschiff entsprechen diesen hochwertigeren und zeitkritischen Transportanforderungen immer weniger. Dagegen besitzt der LKW ein Leistungsprofil, das eine hohe Affinität zu den veränderten Transporterfordernissen hat. Seine Einsatzmöglichkeiten sind extrem flexibel und individuell gestaltbar, und in der Folge der Automobilisierung steht ihm ein weitgehend ubiquitäres Straßennetz zur Verfügung. Zusätzlich verstärkt werden diese Vorteile des LKW durch die verkehrs- und ordnungspolitischen Rahmenbedingungen, wie die den LKW-Verkehr bevorteilenden Kosten- und Preisstrukturen des Güterverkehrs.

8. Vom Transport zur Logistik - oder „Just im Stau statt just in time"

Mit dem zunehmenden Einsatz logistischer Konzepte in Industrie- und Handelsunternehmen ist der LKW-Verkehr nicht nur gewachsen, sondern er hat auch seine Funktion verändert: Schlagworte wie „Rollende Läger" und „Just in time" deuten die Verschiebung *vom bloßen raumüberwindenden Transport zur Raum-Zeit-beherrschenden Logistik* an. Die Überbrückungsfunktionen des Verkehrs werden also wesentlich komplexer: neben der Raumüberbrückung gewinnt vor allem der Zeitausgleich zwischen unterschiedlichen Zeitstrukturen von Produktions- und Marktprozessen eine zunehmende Bedeutung.

Das *Primat der Zeit* in der heutigen Wirtschaft ergibt sich aus den veränderten Marktbedingungen, aus dem Übergang von Verkäufer- zu Käufermärkten. Eine operationelle Umsetzung des Primats der Zeit ist das „Just in time"-Konzept. Damit wird eine zeitliche Synchronisierung unterschiedlicher Stufen der Fertigung und vor allem eine möglichst zeitgenaue Ausrichtung der Fertigungs- und Distributionsprozesse auf die Marktentwicklung angestrebt.[35]

Derartige zeitkritische und funktionsübergreifende Rationalisierungsstrategien erfordern auch neue Formen der Planung, Steuerung und Kontrolle der interdependenten Transformations- und Transferprozesse. Dazu bedarf es neuer Informationssysteme, die eine antizipierende Steuerung und Planung ermöglichen.

In Abb. 6 sind die komplementären Ebenen eines logistischen Prozesses schematisch dargestellt.[36]

Beschränkte sich der traditionelle Gütertransport weitgehend auf die beiden Ebenen „Transportdurchführung" und „Transportinfrastruktur", so findet im Rahmen von

Abb. 6: Fünf-Ebenen-Modell logistischer Prozesse

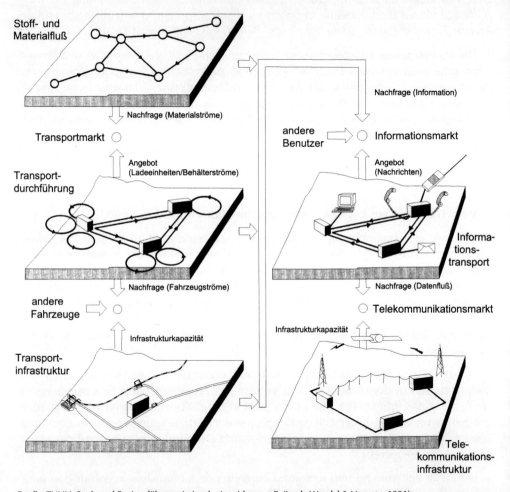

Quelle: TUHH: Stadt- und Regionalökonomie (nach einer Idee von Ruijgrok, Wandel & Nemoto, 1991)

logistischen Konzepten eine Integration und Abstimmung der Transfer- bzw. Transportprozesse mit den Transformations- und Materialflußprozessen der Produktion statt. Gleichzeitig sind die drei 'materiellen' Ebenen der Transport- und Transferorganisation informationsmäßig und datentechnisch vernetzt.

Außer der raum-zeitlichen Beherrschung von Fertigungs- und Distributionsprozessen zielt logistische Rationalisierung vor allem auf eine Gesamtkostenoptimierung ab. Unter dem Aspekt der Kosteneinsparung wird beispielsweise geprüft, inwieweit Lagerhaltung durch Transport oder Eigenfertigung durch Fremdfertigung ersetzt werden kann. Eine allgemein bekannte Erscheinung dieser logistischen Optimierungsstrategien ist die *Substitution von Lagerhaltung durch Transport* im Rahmen von „Just in time"-Produktion. Dabei werden gewissermaßen die hohen Lagerhaltungskosten über den Transport auf die öffentliche Infrastruktur, die Umwelt und die städtischen Lebensräume abgewälzt. Denn die verzerrten Preise des Straßengüterverkehrs entsprechen in keiner Weise den sozialen und ökologischen Kosten dieser Transportweise. Aus gesellschaftlicher Sicht betrachtet führt dies zu einer suboptimalen Transportlösung: „Rollende Läger", die überall die Straßen verstopfen - ein Resultat, das völlig irrational erscheint, aber im Sinne einer logistischen Gesamtkostenkalkulation höchst rational ist.

Vergleichbare Entwicklungen zeigen sich beim Handel. Steigende Miet- und Lagerhaltungskosten haben dazu geführt, den Warenbestand zunehmend durch Warenbewegung zu substituieren. Vor allem in den innerstädtischen Standorten, wo Mieten hoch sind, werden Bestände konsequent abgebaut, um die teuren Innenstadtflächen möglichst vollständig zur Präsentation und zum unmittelbaren Verkauf nutzen zu können. Mietkosten und teilweise auch Lagerhaltungskosten werden im Rahmen einer *„verkaufssynchronen" Warenanlieferung* durch die relativ billigeren Transportkosten ersetzt.

Eine Einsparung der Transportkosten erfolgt wiederum durch die Konzentration des Handels auf immer größere Einheiten - in der Regel an nicht-integrierten Standorten auf der „grünen Wiese". Dies führt dazu, daß *gewerbliche Lieferverkehre* durch *private Einkaufsverkehre* ersetzt werden. An diesem Beispiel zeigt sich, daß zwischen Güterverkehren und Personenverkehren vielfältige komplementäre und substitutive Beziehungen bestehen. Denn der Rückzug des Handels aus der Fläche wurde erst durch die Motorisierung der Bevölkerung ermöglicht.

Das größte Problem der auf den Straßengüterverkehr ausgerichteten Logistik-Konzepte ist ihr massenhafter Erfolg. Die LKWs stehen sich dadurch buchstäblich selbst im Wege: Just im Stau statt just in time! Damit wird das wichtigste Prinzip logistischer Transportstrategie gefährdet: die zeitliche Berechenbarkeit und Lieferzuverlässigkeit. Die auf den Straßengüterverkehr ausgerichteten Logistikkonzepte geraten durch ihren Erfolg immer mehr in eine Sackgasse, aus der es keinen LKW-spezifischen Ausweg gibt.

Der außerordentliche Erfolg des LKW täuscht darüber hinweg, daß er auf einer handwerklichen 'Produktionsstufe' stehengeblieben ist. Der Straßengüterverkehr ist ein infrastruktur-, energie- und arbeitsintensives Transportmittel, das eine Industrialisierung nicht zuläßt. Weder Produktivitätssteigerungen durch Skaleneffekte („economies of scale") noch Automatisierungsprozesse sind in das LKW-System integrierbar. Angesichts überfüllter Straßen, zunehmender Emissionsbelastungen und defizitärer Bahnen erscheint die Integration des LKW-Verkehrs in das *intermodale System des Kombinierten Verkehrs* als einziger Ausweg.[37]

Seit Anfang der 80er Jahre ist der Kombinierte Verkehr der wichtigste Hoffnungsträger nationaler und europäischer Güterverkehrspolitik. Dabei wird insbesondere die Verlagerung des Verkehrs von der Straße auf die umweltschonenderen Verkehrsträger Schiene und Wasser angestrebt. Besondere Erwartungen werden auf die Kombination Straße/Schiene gesetzt, da im Rahmen des Kombinierten Verkehrs Schiene und LKW ihre jeweiligen komparativen Stärken entfalten könnten: die Schiene ihre Massenleistungsfähigkeit auf längeren Entfernungen und der LKW seine Flexibilität und Netzbildungsfähigkeit in der Fläche.

Diesem offensichtlich zukunftsweisenden Transportsystem ist in den verschiedenen europäischen Ländern bisher allerdings nur ein recht bescheidener Erfolg beschieden. Trotz zunehmender Probleme des Straßenverkehrs kann der Kombinierte Verkehr nicht auf einen Erfolg hoffen, wenn sich die Verkehrspolitik der nationalen Regierungen und der Europäischen Union nicht grundlegend ändert. In einer sehr fundierten und umfangreichen Studie über den Kombinierten Verkehr in der EG kommt Steffen Bukold zu dem Ergebnis: „Ohne eine Politik der gezielten Engpässe und Kostenerhöhungen für den Straßengüterverkehr kann der Kombinierte Verkehr nicht viel mehr als ein Überdruckventil für den wachsenden LKW-Verkehr sein."[38]

9. Grenzen des Raumes

Die sich selbstverstärkenden Wachstumsprozesse des PKW- und LKW-Verkehrs mit ihren vielfältigen positiven Rückkopplungen mit den raum-zeitlichen Organisationsformen von Wirtschaft und Gesellschaft führen über zum Teil sehr komplexe Wirkungsketten zu einer krisenhaften Belastung der Raum- und Siedlungsstrukturen, der städtischen und ländlichen Lebensräume, der lokalen und regionalen Umwelt sowie des globalen Ökosystems.

Unter der Perspektive der *Zukunftsfähigkeit* der gesellschaftlichen Raum- und Siedlungsstrukturen sowie der begrenzten Regenerations- und Assimilationsfähigkeit des globalen Ökosystems in einer „vollen Welt"[39] stellen sich die „Grenzen des Raumes" in drei Formen dar:

1. Explosion der Siedlungsfläche:
Der Wildwuchs und Flächenfraß der in hohem Maße durch unser Mobilitätsmodell geprägten Siedlungsentwicklung kann nicht grenzenlos weitergehen. Allein in den letzten 40 Jahren hat sich die Siedlungsfläche bei nahezu gleichbleibender Einwohnerzahl verdoppelt. „In 40 Jahren wurde genau so viel Fläche für Siedlungszwecke 'verbraucht' wie in der viertausendjährigen Siedlungsgeschichte zuvor."[40]

2. Erosion und Implosion der sozialen Räume:
Der bisherige Verlauf der Entwicklung der Siedlungsstruktur zeigt deutlich, daß die Ausdehnung in die Fläche bisher keineswegs an 'natürliche' Grenzen gestoßen ist oder

in Kürze daran stoßen wird.[41] Bei den gegebenen verkehrspolitischen Rahmenbedingungen und einer Verkehrsplanung, die primär darauf ausgerichtet ist, die „Durchlässigkeit des Raumes" zu erhöhen, werden sich die Tendenzen zur Extensivierung gesellschaftlicher Raumstrukturen, zur städtebaulichen Entmischung und der Herausbildung monofunktionaler Zonen sowie zur Ausdünnung der Versorgungs- und Dienstleistungseinrichtungen im Nahbereich weiterhin durchsetzen.

Im Resultat führt diese Entwicklung zu einer Erosion und zunehmenden Verinselung der Lebensräume. Das Leben zerfasert zwischen spezialisierten Räumen, die 'Weniges' besonders effektiv ermöglichen und 'Vieles' verhindern. Der in der ausufernden Peripherie verfließende Siedlungsraum wird noch mehr ausgedünnt und banalisiert. Die 'Textur' des sozialen Raumes, also die sozialen Netzwerke und Interaktionsformen, wird immer dünner und fadenscheiniger, bis sie schließlich zerfällt und *der soziale Raum*[42] *implodiert*. Zurück bleibt eine verkehrsgerechte, mit technischen Artefakten vollgestellte Siedlungsfläche, die ihren sozialen Charakter und damit auch ihre Regenerationsfähigkeit verloren hat.

3. Destabilisierung des Ökosystems:

Vor dem Hintergrund der breiten öffentlichen und fachwissenschaftlichen Diskussion über den motorisierten Verkehr dürfte es in den letzten Jahren kaum jemand verborgen geblieben sein, daß unser heutiges Verkehrssystem wesentlich dazu beiträgt, langfristig die Bedingungen unserer Fortexistenz zu untergraben. Wir wissen zwar nicht genau wie und wann. Mit ziemlicher Sicherheit wissen wir aber, daß mehr zu befürchten ist als der Verkehrskollaps.

10. Ausblick

Angesichts der skizzierten Problemlagen ist es leicht einsichtig, daß eine Kurskorrektur der Verkehrspolitik, z.B. durch eine konsequente Internalisierung der von den jeweiligen Verkehrsträgern verursachten Kosten, dringend erforderlich ist. Der Schritt zur „Kostenwahrheit" des Verkehrs ist notwendig, er wird jedoch nicht ausreichen, um die unerwünschten Auswirkungen des Verkehrs auf Mensch, Umwelt und Siedlungsstrukturen zu verhindern bzw. zu korrigieren. Ein Ausweg aus der Sackgasse des bestehenden Raum-Verkehr-Modells erfordert sektorübergreifende Konzepte und Handlungsstrategien.

Für die *Raumordnung* stellt sich dabei vor allem die Aufgabe der Entwicklung verkehrsvermeidender bzw. verkehrssparsamer Raum- und Siedlungsstrukturen. Dazu bedarf es jedoch nicht nur eines Kurswechsels, sondern eines grundsätzlichen Perspektivenwechsels, insbesondere eines neuen Umgangs mit dem „Raum" und eines veränderten Mobilitätsverständnisses.

„Raum" darf nicht mehr primär als *Hindernis* auf dem Weg in die Ferne betrachtet werden, sondern als eine mögliche *gesellschaftliche Ressource*, insbesondere unter dem Aspekt historisch gewachsener Lebens- und Arbeitszusammenhänge mit ihren spezifischen räumlichen Interaktions- und Kooperationsformen. An die Stelle der Faszination der Ferne kann dann wieder die Wiederentdeckung und Aufwertung der Nähe treten.

In diesem Sinne darf auch Mobilität nicht länger gleichgesetzt werden mit der technisch ermöglichten „Herrschaft über den Raum", die letztlich nur auf die „Vernichtung der Distanzräume" ausgerichtet ist und in ihrer Konsequenz zur Stadt- und Umweltvernichtung führt. Als Bewegung von Menschen in ihren Arbeits- und Lebensräumen ist Mobilität primär eine Form sozialer Interaktion, durch die die soziale Qualität des Raumes erst entfaltet und erfahrbar wird. Dazu ist es jedoch erforderlich, daß Verkehrsplanung und -politik nicht mehr primär auf eine Verringerung des Raumwiderstandes ausgerichtet bleiben, sondern über geeignete Maßnahmen den Raumwiderstand selektiv erhöhen bzw. so gestalten, daß die Arbeits- und Lebensräume aufgewertet und nicht zerstört werden.

Ich erlaube mir, meine Ausführungen mit einem - vielleicht etwas naiven - Ausblick abzuschließen. In dem „bande dessinée" des liebenswerten französischen Karikaturi-

sten Sempé (s. Abb., Quelle: Jacques Soussan: Pouvez-vous Française? Sempé Cartoons, IDEREA, Paris) zeigen die ersten drei Bilder die sozial selektive Diffusion und Sukzession von immer entwickelteren Verkehrsmitteln, verbunden mit dem unvermeidlichen Prozeß der Entzauberung und Banalisierung durch ihre Verallgemeinerung.

Das vierte Bild ist weniger eindeutig zu interpretieren. Zeigt es nur den Snob, der sich den Mobilitätszwängen entziehen kann, oder eine Demonstration, daß ein Verzicht auf das Auto keine Deklassierung sein muß, sondern möglicherweise zu einem besseren, lustvolleren Leben führen kann? Wahrscheinlich meint Sempé beides. Und insofern genügt mir die Botschaft. Denn es geht nicht darum, das Auto allgemein abzuschaffen, sondern vor allem darum, die sich verfestigende Monokultur des Autoverkehrs aufzubrechen und wieder eine gesellschaftlich verankerte Pluralität der Fortbewegungsmöglichkeiten herzustellen.

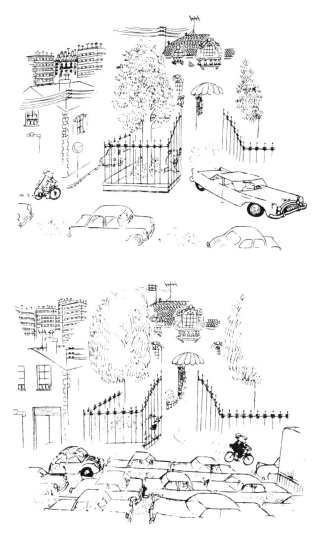

Anmerkungen

[1] Der Personenverkehr (ohne Luftverkehr) hat in Westeuropa seine Verkehrsleistungen von 1970 bis 1993 verdoppelt (von rd. 2.000 auf 4.000 Mrd. Personenkilometer). Über 90 vH dieser Zunahme entfielen auf den PKW-Verkehr, der 1993 in Westeuropa einen Anteil von 84 vH an allen Verkehrsleistungen hatte. Eisenbahn und Omnibus hatten jeweils einen Anteil von 7 vH bzw. 9 vH. (DIW-Wochenbericht 37/95).

[2] Der Güterverkehr (Eisenbahn, Binnenschiffahrt, Rohrfernleitungen und Lastkraftwagen) ist in Westeuropa von 1970 bis 1993 um knapp zwei Drittel auf insgesamt 1 400 Mrd. Tonnenkilometer angestiegen. Der gesamte Zuwachs kam per Saldo dem Straßenverkehr zugute, der seinen Anteil an den gesamten Verkehrsleistungen von der Hälfte im Jahre 1970 auf mehr als zwei Drittel im Jahre 1993 vergrößerte. Der Anteil der Eisenbahn ging von 30 vH auf 16 vH zurück (DIW-Wochenbericht 37/95).

[3] Vgl. Bonnafous, A.: Demographic Structure and Social Behaviour. In: ECMTt (ed.): Transport in Question, Paris 1993, S. 21 ff.

[4] Der sog. Brundtland-Bericht (Bericht der „World Commission on Environment and Development" (WCED): „Our Common Future", Oxford 1987) geht davon aus, daß die Weltwirtschaft in den nächsten fünfzig Jahren einer „fünf- bis zehnfachen Steigerung" bedarf, um die bestehende Armut zu überwinden und die Deckung von Grundbedürfnissen weltweit zu garantieren.

[5] Vgl. Enquete-Kommission „Schutz der Erdatmosphäre" des Deutschen Bundestages (EK) (Hrsg.): Mobilität und Klima, Bonn 1994. Die Emissionen des Verkehrs werden in diesem Zusammenhang wie folgt beurteilt: „Der weltweit abgewickelte Verkehr hat mit etwa 20% einen wesentlichen Anteil an der anthropogenen CO_2-Freisetzung durch Verbrennung fossiler Energieträger und trägt damit signifikant zur Veränderung des globalen Klimas der Erde bei. Zusätzlich werden durch den Verkehr u.a. NO_x, VOC und CO emittiert, die über die photochemische Bildung des klimarelevanten Ozons (O_3) in der Troposphäre den durch die Emission des CO_2 bedingten Treibhauseffekt verstärken" (a.a.O., S. 77f.).

[6] Die Eigendynamik des Verkehrswachstums hat u.a. G. Wolfgang Heinze bereits vor 15 Jahren analysiert in: Verkehr schafft Verkehr. Ansätze einer Theorie des Verkehrswachstums als Selbstinduktion, in: Berichte zur Raumforschung und Raumplanung (Wien), Jg. 23 (1979), 4/5, S. 9ff.

[7] Vgl. Hall, P.: Der Einfluß des Verkehrs und der Kommunikationstechnik auf Form und Funktion der Stadt; in: Zukunft Stadt 2000: Stand und Perspektiven der Stadtentwicklung, hrsg. v. d. Wüstenrot Stiftung, Stuttgart 1993, S. 389.

[8] A.a.O.

[9] Fishman, R.: Die befreite Megalopolis: Amerikas neue Stadt, in: ARCH+, Heft 109/110 (1991), S. 77.

[10] Peter Hall verweist in diesem Zusammenhang auf eine Studie von Bradford Snell („American Ground Transportation: A Proposal for Restructuring the Automobile, Truck, Bus, and Rail Industries", Washington, D.C., Government Printing Office 1974), in der aufgezeigt wird, daß bei dieser Weichenstellung General Motors die Hände im Spiel hatte. So habe General Motors Linien der Straßenbahngesellschaft „Pacific Electric System" aufgekauft und aufgelöst, um ihre Busse verkaufen zu können.

[11] In dieser Resolution wird in Anknüpfung an den „Brundtland-Bericht" u.a. festgestellt, „that the impact of transport on human health and the environment must be limited to levels which human beings and nature can cope with in the long run" (ECMT - European Conference of Ministers of Transport: Transport Policy and the Environment, Paris 1990).

[12] Offensichtlich völlig unbeeindruckt von der Wirkungsweise eines selbstinduzierten Wachstums des Verkehrs stellt sich beispielsweise das Bundesverkehrsministerium mit seinem Verkehrswegeplan die Aufgabe, durch einen entsprechenden Ausbau der Infrastruktur „zu verhindern, daß Verkehrsengpässe zu Wachstumsbremsen der nationalen und europäischen Wirtschaftsentwicklung werden" (BMV: Bundesverkehrswegeplan 1992. Bonn 1992).

[13] Vgl. Hesse, M.: Verkehrswende, Marburg 1993. Selbst der Verkehrsminister Matthias Wissmann hat sich zur Notwendigkeit einer 'Verkehrswende' bekannt: „Wir brauchen eine ökologische Umorientierung in der

Verkehrspolitik ... Nach 40 Jahren ist jetzt eine deutliche Kurskorrektur der Verkehrspolitik erforderlich" („Eine Wende einleiten" - Interview in „Der Spiegel", 29/1993).

[14] Maxeiner, D.: „Verdammt, er grinst", in: „Der Spiegel", 30/1993, S. 92.

[15] Sachs, W.: Die Liebe zum Automobil. Ein Rückblick in die Geschichte unserer Wünsche. Reinbek bei Hamburg 1990 (1984), S. 241.

[16] A.a.O.

[17] Zu einer Auseinandersetzung mit wissenschaftlichen und alltagsweltlichen Raumbegriffen und Raumkonzepten siehe Läpple, D.: Essay über den Raum, in: Häußermann, H. et al.: Stadt und Raum, Pfaffenweiler 1992 (1991), S. 157 ff.

[18] Heine, H.: Lutezia, in: Heines sämtl. Werke, Bd. 9, Leipzig 1910, S. 291.

[19] „Vernichtung von Raum und Zeit (annihilation of time and space) lautet der Topos, mit dem das frühe 19. Jahrhundert beschreibt, wie die Eisenbahn in den bis dahin unumschränkt herrschenden natürlichen Raum einbricht" (Schivelbusch, W.: Geschichte der Eisenbahnreise. Zur Industrialisierung von Raum und Zeit im 19. Jahrhundert. Frankfurt/M, Berlin, Wien 1979, S. 16).

[20] Vgl. dazu Giddens, A.: Die Konstitution der Gesellschaft, Frankfurt/New York 1992, S. 165 ff.

[21] Sachs, W., a.a.O., S. 116.

[22] Vgl. Meisenheimer, W.: Zerstörung und Rekonstruktion des öffentlichen Raumes, in: DAIDALOS, Heft 10 (1983), S. 10 ff.

[23] Amazing Stories, 1939, in: „America" - Traum und Depression 1920/40, Berlin 1980, S. 430.

[24] Leibbrand, K.: Stadt und Verkehr, Basel/Boston/Stuttgart 1980, S. 76.

[25] Serra, E.: Genua - Herstellung einer Stadtlandschaft, in: DAIDALOS, Heft 48 (1991), S. 58.

[26] Zu der Dynamik der „Verkehrspirale" vgl. u.a. Kutter, E.: Verkehrsintegrierende räumliche Planungsinstrumente, in: Materialien zur Raumentwicklung", Heft 40 (BfLR, Bonn), 1991, S. 286 ff.

[27] Bahrdt, P.: Die moderne Großstadt, München 1974, S. 130.

[28] A.a.O., S. 132.

[29] Vgl. dazu u.a. Frey, R.L.: Ökonomie der städtischen Mobilität. Durch Kostenwahrheit zur nachhaltigen Entwicklung des Agglomerationsverkehrs, Zürich 1994.

[30] Zum Zusammenhang zwischen Besiedlungsdichte und Benzinverbrauch siehe Newman, P.W.G., Kenworthy, J.R.: Gasoline Consumption and Cities, in: Journal of the American Planning Association, 55, Winter 1989, S. 24 ff.

[31] In den alten Ländern der Bundesrepublik wurden im Jahre 1960 rund „15 Mrd. motorisierte Fahrten und etwa 32 Mrd. Wege zu Fuß oder mit dem Rad unternommen. Bis zum Jahre 1990 ist die Anzahl der nichtmotorisierten Wege auf 23 Mrd. zurückgegangen. Die Anzahl der Fahrten mit dem PKW hat sich dagegen verdoppelt. Der öffentliche Verkehr konnte sein Niveau halten. Die zurückgelegten Entfernungen sind fast auf das dreifache gestiegen. Hiervon entfielen fast der gesamte Zuwachs auf den motorisierten Individualverkehr" (Enquete-Kommission Schutz der Erdatmosphäre (Hrsg.): Mobilität und Klima - Wege zu einer klimaverträglichen Verkehrspolitik, Bonn 1994, S. 43 ff.).

[32] A.a.O., S. 127.

[33] Bereits Mitte der 60er Jahre hat der deutsch-amerikanische Stadtplaner Hans Blumenfeld festgestellt, daß der Fortschritt der Transportsysteme nicht zu einem Zeitgewinn, sondern zu einer Ausdehnung des Raumes führt: „The net result is not a reduction of time but an extension of space" (Blumenfeld, H.: Experiments in Transportation - for What?, in: The Modern Metropolis, selected Essays by Hans Blumenfeld, ed. by Spreiregen, P.D., Cambridge/Mass., London 1967: 114).

[34] Vgl. dazu u.a. Läpple, D. (Hrsg.): Güterverkehr, Logistik und Umwelt. Analysen und Konzepte zum interregionalen und städtischen Verkehr, Berlin 1995 (1993).

[35] Vgl. dazu Läpple, D.: Transport, Logistik und logistische Raum-Zeit-Konfigurationen, in: Ders. (Hrsg.): Güterverkehr, Logistik und Umwelt, Berlin 1995 (1993), S. 21 ff.

[36] Drei Ebenen mit den materiellen Prozessen der Transport- und Transferorganisation:

(1) die Ebene des „Stoff- und Materialflusses" aus der Perspektive des produzierenden Unternehmens; hier geht es vor allem um die Organisation der inner- und zwischenbetrieblichen Stoff- und Materialflüsse entlang der Wertschöpfungskette;

(2) die Ebene der eigentlichen „Transportdurchführung"; durch die Trennung von Ladeeinheiten, Behältern (wie z.B. Container) und Verkehrsmitteln ist eine hohe Flexibilität möglich und zugleich auch ein hoher Steuerungsaufwand nötig;

(3) die Ebene der „Transportinfrastruktur" des Straßen-, Schienen- und Wasserverkehrs einschließlich ihrer Schnittstellen; die Infrastrukturen sind wiederum unmittelbar verbunden mit den Siedlungs- und Standortstrukturen von Bevölkerung und Wirtschaft.

Zwei Informations- und Steuerungsebenen, über die die gegenseitige Abstimmung der materiellen Prozesse erfolgt:

(4) die Ebene der Informationsverarbeitung und des „Informationstransports" sowie

(5) die Ebene der „Telekommunikationsinfrastruktur" (terrestrisch und extraterrestrisch).

[37] Beim Kombinierten Verkehr (KV) kommen mindestens zwei oder mehr Verkehrsträger (LKW, Bahn, Seeschiff, Binnenschiff und Flugzeug) zum Einsatz, wobei der Übergang zwischen verschiedenen Verkehrsmitteln ohne Wechsel des Transportgefäßes erfolgt. Voraussetzung ist also die Verständigung der Partner auf genormte, intermodale Ladegefäße, wie zum Beispiel Paletten oder Container.

[38] Bukold, S.: Kombinierter Verkehr in der EG. Eine vergleichende Studie zur Transformation von Gütertransportsystemen. Dissertation an der Universität Bremen. Januar 1995, S. 296.

[39] Daly, H.E.: Vom Wirtschaften in einer leeren Welt zum Wirtschaften in einer vollen Welt, in: Goodland, R. et al. (Hrsg.), Nach dem Brundtland-Bericht. Umweltverträgliche wirtschaftliche Entwicklung, Bonn 1992, S. 29 ff.

[40] Beierlorzer, H.; Ganser, K.: Ein neuer städtebaulicher Standard, in: StadtBauwelt 121 (1994), S. 657.

[41] Enquete-Kommisson „Schutz der Erdatmosphäre", a.a.O., S. 118.

[42] Unter einem „sozialen Raum" verstehe ich hier ein aktives Wirkungsfeld im Sinne eines lokalen gesellschaftlichen Milieus, das das Resultat sozialer Interaktionen und „kristallisierter" Geschichte ist (vgl. dazu Läpple, D.: Gesellschaftszentriertes Raumkonzept, in: Wentz, M. (Hrsg.): Stadt-Räume, Frankfurt/New York 1991, S. 35 ff.).

Heinrich H. Kill

Neue Chancen durch neue Techniken

Der Prozeß der Industrialisierung zeigte besonders in räumlicher Hinsicht die klassischen Eigenschaften des Wachstums dynamischer Systeme: Expansion, Intensivierung und wachsende Systemvielfalt. Mittlerweile aber stoßen eine Weiterführung der arbeitsteiligen Produktion und der Funktionentrennung sowie eine Fortsetzung des ungebremsten Wachstums des Verkehrs an finanzielle, ökologische und politische Grenzen. Veränderungen dieser Entwicklung werden daher in Zukunft nicht mehr nur aus wohlfahrtstheoretischen Gerechtigkeitsbestrebungen (Gleichwertigkeit der Lebensbedingungen), sondern aus schierer Überlebensnotwendigkeit erfolgen müssen.

Innerhalb eines vielfach als 3. Industrielle Revolution (nach Dampfmaschine/Eisenbahn/Schwerindustrie und Motor/Kraftfahrzeug/Leichtindustrie) bezeichneten Innovationsprozesses findet zur Zeit auch im Verkehrsbereich verstärkt eine Einführung neuer Techniken statt. Mit dem Einsatz dieser neuen Techniken sind systemimmanent Koordinierungsnotwendigkeiten verbunden. Aus ihrer konsequenten Anwendung ergeben sich darüber hinaus Kollektivierungstendenzen, die der Raumordnungspolitik und hier insbesondere der Regional- und Landesplanung weitreichende Möglichkeiten eröffnen, den Verkehr für ihre Ziele zu instrumentalisieren.

Das Thema könnte also kurz und knapp behandelt werden: Die neuen Techniken haben ein ganz erhebliches Veränderungs- und Gestaltungspotential. Durch Elementoptimierung, Prozeßoptimierung und Strukturoptimierung kann es gelingen, eine Verbesserung der einzelnen Verkehrsmittel, eine Verknüpfung zwischen den Verkehrsträgern und eine Verlagerung auf umweltverträglichere Verkehrsformen zu verwirklichen. Damit können dann die primären Ziele der Raumordnung erreicht werden:

- standortunabhängige Erreichbarkeit,
- Gleichwertigkeit der Lebensbedingungen im Raum und
- Nachhaltigkeit der wirtschaftlichen Entwicklung.

Diese interne Entwicklungsmöglichkeit des Verkehrs deckt sich somit weitgehend mit den Zielen der Raumordnung und müßte schließlich in der quantitativen Verwirklichung der Verkehrspyramide aus vermiedenem physischem Verkehr, unmotorisiertem Verkehr, kollektivem Verkehr und umwelt-, stadt- und raumverträglichem Individualverkehr als verbleibender kleiner Rest enden.

Eine kritische Betrachtung der jüngsten Entwicklung zeigt aber, daß der Einsatz moderner Techniken insbesondere vom Straßenverkehr, als der bei weitem bedeutendsten Form der Raumüberwindung, eher als Möglichkeit gesehen wird, seine Effektivität, seine Sicherheit und seine Umweltverträglichkeit erheblich zu verbessern, damit den Forderungen an ihn hinsichtlich seiner Systemumgebung besser gerecht zu werden und somit Einschränkungsmaßnahmen durch diese Umgebung zuvorkommen zu können. Folglich werden diese technologischen Entwicklungen auch systemintern forciert.

Damit aber bewirken diese neuen Techniken zumindest auf kurze und mittlere Frist eine nicht zu unterschätzende Stabilisierung der vorhandenen Strukturen und von deren Entwicklungsrichtungen.

Von dieser Strukturkonservierung durch die neuen Techniken läßt sich ein Bogen zu den Erwartungen dieser Konferenz schlagen. Das Thema der Veranstaltung lautet „Kurskorrektur für Raumordnungs- und Verkehrspolitik - Wege zu einer raumverträglichen Mobilität". Hieraus kann zweierlei geschlossen werden:

- Es wird unverändert davon ausgegangen, daß Raumordnungs- und Verkehrspolitik bisher grundsätzlich das richtige Ziel verfolgt haben, wenn auch die eingeschlagene Richtung etwas von der vorgegebenen abweicht, da sonst keine Kurskorrektur, sondern ein Kurswechsel erforderlich wäre.
- Das Ergebnis der Mobilitätsentwicklung wird dagegen aber als falsch beurteilt, da die vorhandene Mobilität implizit ja als nicht raumverträglich bezeichnet wird.

Die (raumstrukturelle) Entwicklung der letzten Jahrzehnte hat demnach weder zu dem Wunschbild von gleichwertigen Teilräumen mit hierarchischer Gliederung und großer Funktionsvielfalt geführt noch dem Entwicklungsleitbild einer dezentralen Konzentration entsprochen, denn gerade diese sollten ja (zwangsläufig) zu einer raumverträglichen Mobilität führen. Da diese Entwicklungsrichtung aber durchaus durch entsprechende Instrumente (in der Raumordnung von Regional- und Flächennutzungsplänen über die Planung von Behördenstandorten und Bildungseinrichtungen bis hin zu Investitionsbeihilfen und steuerlichen Vergünstigungen und im Verkehr durch umfangreiche Baumaßnahmen zur Sicherstellung der flächendeckenden oder ubiquitären Erreichbarkeit) unterstützt wurde, liegt die mangelnde Zielerreichung vielleicht daran, daß das Problem (raumunverträgliche Mobilität und räumliche Disparität) zwar richtig erkannt, die Lösungsrichtung (angebotsorientierte Verkehrspolitik und restriktive Raumordnungspolitik) aber nicht problemadäquat war.

Zunächst muß aber eine solche pauschale Kritik, d.h. also die nicht vorhandene Raumverträglichkeit der Mobilität oder anders herum ausgedrückt die Herbeiführung eines unerträglichen räumlichen Zustandes durch die Entwicklung der Mobilität, hinterfragt werden. Für alle Systemabgrenzungen und Hierarchie-Ebenen trifft diese negative Aussage nämlich sicher nicht zu. Wie ein Vergleich der Netzpläne, die in den letzten 200 Jahren für die jeweils modernsten Verkehrsmittel erstellt wurden, zeigt, hat sich in Deutschland die dezentrale Struktur trotz (wegen) immer leistungsfähigerer Verkehrsmittel gehalten. So weisen weder die hier gezeigten Ausbaupläne noch die tatsächlich realisierten Netze eine Sternstruktur oder größere „Löcher" auf (Abb. 1). Angesichts sonstiger Veränderungen in Deutschland in diesem Zeitraum kann dies durchaus als erfreulich bezeichnet werden. Und auch in der Mikroperspektive kann nicht durchgängig von einer Verschlechterung gesprochen werden, wie eine kritische Betrachtung der historischen Verkehrs- und Umweltsituation in den Ballungsräumen offenbart.

Natürlich zeigt sich bei einer solchen Betrachtung nichts von den Schwierigkeiten altindustrieller Verdichtungsgebiete, ihren Bewohnern gleichwertige Lebensbedingungen zu bieten, und auch andere Definitionen von Strukturschwäche gehen aus der bloßen Anbindung an eine Verkehrsinfrastruktur nicht hervor. Aber selbst wenn man

Abb. 1: Großräumiger Verlauf historischer Wegepläne

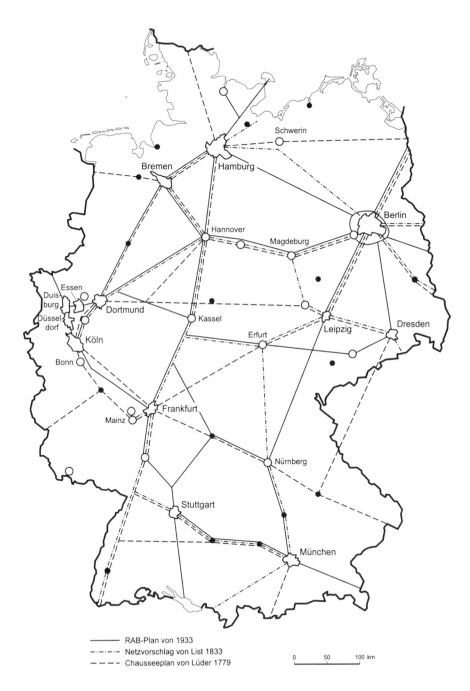

——— RAB-Plan von 1933
—·—·— Netzvorschlag von List 1833
— — — Chausseeplan von Lüder 1779

0   50   100 km

zugesteht, daß bezogen auf bestimmte Hierarchie-Ebenen oder Systemabgrenzungen von Zielverfehlung gesprochen werden kann, darf man den Fachpolitiken aus dieser Tatsache keinen Vorwurf machen. Das Problem liegt nämlich gar nicht auf der instrumentellen Ebene, es liegt nicht einmal auf der Ebene dieser Fachressorts. Vielmehr scheinen die räumlichen Entwicklungsprozesse in industriellen Gesellschaften eine erhebliche Eigendynamik zu besitzen, die von außen kaum steuerbar ist. Die Ergebnisse der Gestaltungskraft dieser Selbststeuerung entsprechen einfach nicht immer den raumordnerischen und verkehrspolitischen Idealen - dies vor allem dann nicht, wenn sich infolge einer dieser Selbststeuerung übergeordneten gesellschaftlichen Entwicklung die Ziele inhaltlich verändern. Die Bewertung der vorhandenen Raumstruktur ergibt sich damit aus dem vorherrschenden System und ist folglich auch mit diesem veränderbar.

Diese Aussage kann mit einem wie immer vereinfachenden Beispiel veranschaulicht werden (Abb. 2). Hier wird die Eigendynamik der Systementwicklung mit einer zügellosen Pferdekutsche verglichen. Bekommt es der Fahrgast (Raumordnung) angesichts der rasanten Fahrt langsam mit der Angst zu tun, so nutzt auch ein Kutscher (Verkehrspolitik) in diesem Moment sehr wenig. Eine Beeinflussung ist vom Kutschbock her nämlich nicht möglich, erst recht natürlich nicht aus der Kutsche heraus. Man muß also in einem teilweise mühsamen und langwierigen Weg mit vielen kleinen Schritten an die Spitze, um das Führungspferd selbst zu lenken.

Da der auf dem Bild ebenfalls gezeigte zweite Weg einer systemverändernden Revolution als (noch) nicht gangbar angesehen wird, scheint der Raumordnung zunächst nur diese eine Handlungsoption übrigzubleiben, um neue Techniken zu neuen Chancen für die Raumordnung werden zu lassen:

Konkret heißt dies die Anwendung der neuen Techniken in einer pragmatischen, umsetzungsorientierten, inkrementalen Projektorientie-

Abb. 2: Möglichkeiten zur Steuerung eigendynamischer Prozesse

From the book *Guide to Western Stuff*

rung. Dadurch sollen - innerhalb des gegebenen Systems, durch vorausschauenden Einsatz neuer Instrumente und unter Ausnutzung moderner Techniken - der Systemdynamik zielkonforme Entwicklungspfade angeboten werden, denen dieses wegen der dort verringerten Entwicklungs-widerstände auch folgt.

Diese Handlungsoption ist - wenn auch selten genutzt - schon lange bekannt. Kernpunkt ist, daß sich die neuen Techniken vor allem dann für die Ziele der Raumordnung instrumentalisieren lassen, wenn sie nicht in einer unspezifizierten Ausgleichspolitik (Disparitätenabbau) rückwärtsgerichtet und korrigierend, sondern auf konkrete Einzelfälle hin ausgelegt vorwärtsgerichtet und gestaltend eingesetzt werden.

In diesen Bereich fallen als Chance die vielfach bereits seit längerer Zeit diskutierten ganzheitlichen Konzepte wie Verkehrssystem-Management oder City Logistik, denen bisher aber stets die technologische Basis sowie das entsprechende Umfeld fehlten. Mit den sektorbezogenen Verbesserungs- und Optimierungskonzepten, die wesentlich geringere Anforderungen an den Entwicklungsstand der Techniken und des Umfeldes stellen, haben sie eine Entschärfung kritischer Bereiche, wie Effektivität, Sicherheit und Ressourcenbedarf, gemein. Darüber hinaus streben sie aber noch durch neue Organisationsprinzipien grundsätzliche Veränderungen der Verkehrsbeziehungen und eine Verringerung des Verkehrsaufwandes an. Beispiele sind: die Bündelung von Warentransporten unabhängiger Auftraggeber, der Einsatz jeweils geeigneter Verkehrsmittel und Fahrzeuge durch Schnittstellenmanagement in einer geschlossenen Transportkette, die kreislauforientierte Ver- und Entsorgung von Haushalten und Unternehmen oder die Erprobung neuer Fahrzeugnutzungs- und Verfügungskonzepte. Bei all diesen Konzepten bezieht sich das Reizwort Verkehrsvermeidung nicht auf die Unterdrückung von Kommunikationsbedürfnissen und Austauschbeziehungen, sondern auf deren Befriedigung durch systemgeeignetere Organisations- und Raumüberwindungsformen. Auch andere Anwendungen moderner Verkehrstechniken, wie modulare Fahrzeugkonzepte, Zweisystemfahrzeuge, integrale Taktfahrpläne, Flügel- und Kombizüge im öffentlichen Personenverkehr, automatische Schnellkupplung, Schnellumschlaganlagen und bimodale Fahrzeuge im Schienengüterverkehr oder nicht zuletzt die flächendeckenden und verkehrsträgerübergreifenden Verkehrsleit- und Verkehrslenkungssysteme, benötigen alternative Organisationskonzepte und neue Rahmenbedingungen, um mehr sein zu können als eine etwas weniger unverträgliche Abwicklung der gleichen Mobilität.

Ziele wie Förderung der kollektiven Verkehrsformen oder Produktivitätssteigerungen und damit Kostensenkungen (einzel- und gesamtwirtschaftlich) werden so tatsächlich möglich und können zu reduzierter Verkehrsarbeit führen. Durch die Kombination von Angebotsverbesserungen, Informationsverbesserungen, Zugangserleichterungen und fahrplanunabhängigen Bedienungsformen werden die kollektiven Verkehrsformen zu einer wirklichen Alternative, da sie dem Nutzer als virtueller Individualverkehr erscheinen. Ein solches Verkehrssystem bildet seinerseits dann die Voraussetzung zur Entstehung der fahrtweitenreduzierenden funktionenreichen, polyzentralen Stadt-Land-Verbünde.

Um zu dem Bild der Pferdekutsche zurückzukommen: dadurch würden dem Gespann Zügel verliehen. Die prinzipielle Unberechenbarkeit und die Schwierigkeit der Steuerung bleiben aber bestehen. Bei einer Beibehaltung der generellen Zielrichtung dürften all diese Verbesserungen durch die Volumenvergrößerung des traditionellen Systemwachstums wieder aufgezehrt werden. Langfristig tragfähig ist daher nur eine weitere Chance, die die neuen Techniken bieten, und die wäre dann ein dritter Ausweg. Beim Kutschenbeispiel würde der Pferdeantrieb durch den wesentlich verläßlicheren Verbrennungskraftmotor mit Lenkung und Bremse ersetzt, also durch die Entstehung einer neuen (besseren) Form der Raumüberwindung. Wie die geschichtliche Entwicklung dieses Beispiels zeigt, können sich durch einen solchen „Verbesserungssprung" allerdings auf einer ganz anderen Ebene auch noch schwerwiegendere Probleme ergeben. Um diese dritte Chance und ihre Grenzen richtig einordnen zu können, muß zunächst noch auf den Begriff der neuen Techniken eingegangen werden.

In erster Linie werden hierunter die Entwicklungen der Mikroelektronik, der Informations- und Steuerungstechnik, oft unter dem Begriff der Telematik zusammengefaßt, verstanden. Meist wird ihre Anwendung noch auf den Bereich der Raumüberwindung von Personen, Gütern und Nachrichten beschränkt.

Diese Gleichsetzung von „neue Techniken" mit „Anwendung der Telematik im Verkehr" erlaubt aber Zukunftsaussagen nur unter Ceteris-paribus-Bedingungen. Andere neue Techniken, etwa in der Nanomechanik, der Werkstoff- und der Gentechnik, werden - ebenfalls unter Verwendung der Telematik - in vielen anderen Bereichen der Gesellschaft ihrerseits zu Veränderungen führen, die wiederum Auswirkungen auf Verkehr und Raumstruktur haben werden und, nach allem was zur Zeit absehbar ist, den Raumüberwindungsbedarf eher noch ansteigen lassen, obgleich damit noch nichts über die Verkehrsmittelwahl (Modal split) gesagt ist.

Daher können weitreichendere Hoffnungen in die Chancen, die neue Techniken bieten, nur in diesem Zusammenhang der Gesamtsystemveränderung diskutiert werden. Konkret: Die vielfach von der Telekommunikation erhoffte Substitution von physischem Verkehr (Telependeln) ist innerhalb der gegebenen Struktur nicht nur nicht durchsetzbar, sie macht auch keinen Sinn. Gleiches gilt für die Hoffnung auf kleinräumige Funktionsmischung in einer von Größenvorteilen gekennzeichneten arbeitsteiligen Wirtschaftsorganisation.

Vor Einführung des Telefons beschäftigten Firmen Laufburschen. Deren Wege fielen nicht dadurch weg, daß nun die Laufburschen telefonierten. Als ein Beispiel für die Verhinderung von Substitutionswirkungen durch das Systemumfeld kann Berlin gelten, wo anders als in Westdeutschland mit den ofenbeheizten Wohnungen auch die Brikettlieferungen noch lange nach „Erfindung" der Öl- oder Gasheizung beibehalten wurden. Andererseits wurden durch den billigen und schnellen Transport von Südfrüchten nicht bloß die Orangerien „substituiert", vielmehr ermöglichte die gleiche Technologie deren Modifikation zu Gewächshäusern, in denen heute ein Vielfaches an nicht jahreszeit- oder nicht landschaftsgemäßen Früchten und Gemüse erzeugt wird.

In der bisherigen geschichtlichen Entwicklung haben alle neuen Basistechnologien - und als solche dürften die hier behandelten Techniken zählen - die gesellschaftlichen und wirtschaftlichen Strukturen unserer Gesellschaft nachhaltig verändert.

Da die neuen Techniken also nicht nur im Verkehr eingesetzt werden, sondern als Basisinnovation zunächst und vor allem die gesamte Gesellschaft durchdringen, ist für die Zukunft eine Strukturänderung in der wirtschaftlichen und gesellschaftlichen Entwicklung zu erwarten. Während einer solchen Umstrukturierung verändert sich der Stabilitätsmechanismus dynamischer Systeme. Es bildet sich eine (zeitliche) Bifurkationszone, innerhalb derer die Eigendynamik und Selbststeuerung verschwindet und kleinste Parameteränderungen die zukünftige Entwicklung entscheidend beeinflussen können. In der stabilen Systemphase ist wegen der Eigendynamik der dieser Entwicklung zugrundeliegenden Trends eine gezielte Beeinflussung des zukünftigen Systemzustandes nicht möglich. Nun kann der zukünftige Systemzustand und dessen Entwicklungsrichtung aber sehr wohl beeinflußt werden. Er kann nicht nur, er muß, da die Herausbildung der neuen Struktur dies erfordert (Abb. 3, 4).

Während dieses Zeitraums muß ein breites Spektrum an Instrumenten vorhanden sein, um gezielt erwünschte Entwicklungsrichtungen zu verstärken und ungünstige Entwicklungen durch entsprechende Dämpfung an ihrer Durchsetzung zu hindern.

Abb. 3: Koevolution von Technologie und Umfeld

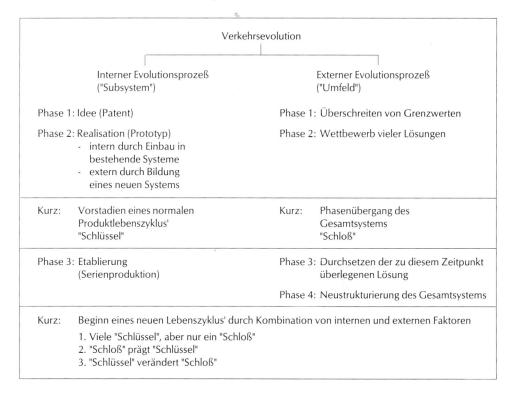

Abb. 4: Systemgestaltender Einsatz neuer Instrumente

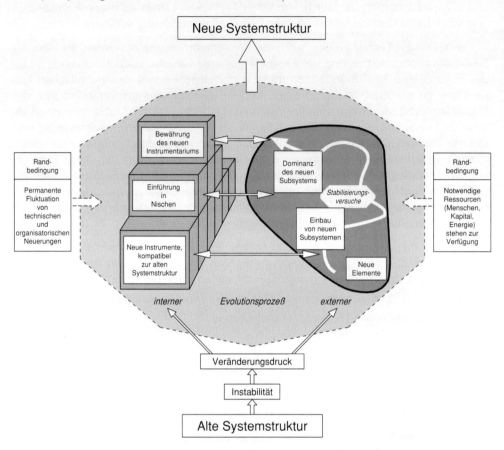

Hiermit schließt sich dann wieder der Kreis zu der erstgenannten Handlungsoption, da dort die verschiedenen Instrumente projektorientiert entwickelt und getestet werden.

Kleine, aber entscheidende Nebenbedingung dieser zweiten Chance, die die neuen Techniken der Raumordnung bieten, ist allerdings, daß der richtige Zeitpunkt (der Beginn des Strukturbruchs) auch erkannt wird, was durch eine intensive Beschäftigung mit den Veränderungsmechanismen komplexer dynamischer Systeme durchaus machbar ist. Außerhalb der Reichweite von Wissenschaft und Planung aber bleibt, wegen der prinzipiellen Prognoseunfähigkeit des Menschen, eine Antwort auf die Frage, ob die Gesellschaft diese Chancen dann auch noch nutzen will oder, um zum Thema zurückzukommen, ob sie dann noch die Mobilität für nicht raumverträglich hält und - wenn ja - einen Kurswechsel einer Kurskorrektur nicht vorzieht.

WERNER ROTHENGATTER

Berücksichtigung raumordnungspolitischer Aspekte in der Bundesverkehrswegeplanung

Zusammenfassung der Ergebnisse und Empfehlungen der Expertengruppe "Raumordnerische Anforderungen an die Bundesverkehrswegeplanung"

1. Bisheriges Verfahren und Aufgabenstellung der Expertengruppe

Der Einfluß von Verkehrswegen auf die Raumordnung wird in der Bundesverkehrs-wegeplanung (BVWP) bislang durch die Nutzenkomponente NR, Nutzen aus Raumord-nungseffekten, erfaßt. Dabei werden die folgenden Teilnutzen monetär quantifiziert:

- regionale Beschäftigungseffekte während der Bauphase (NR_1)
- regionale Beschäftigungseffekte während der Betriebsphase (NR_2)
- raumordnerische Vorteile (NR_3)
- Förderung des internationalen Informations- und Leistungsaustausches (NR_4).

Die wesentlichen Aspekte der Raumordnung sind im Teilkriterium NR_3: Raumordne-rische Vorteile erfaßt. Dieses Teilkriterium setzt sich wiederum aus einer Reihe von Un-terkriterien zusammen (vgl. Abb. 1). Daraus ist erkennbar:

1. Die raumordnerischen Effekte werden streckenbezogen quantifiziert.
2. Effizienzverbessernde Effekte (Lagegunst) und verteilende Effekte (Abbau von Dispari-täten) der Raumordnung werden vermischt.
3. Teilkriterien der wirtschaftlichen Effizienz (NB_1, ..., NE) werden durch Umgewichtung zu Verteilungskriterien.
4. Der Präferenzierungsfaktor wird bei Straßenprojekten nur dann größer als Null, wenn die untersuchte Strecke zu den 100 schlechtesten Zentrenverbindungen in der Bun-desrepublik gehört.

Es ist zu fragen, ob die streckenbezogene Beurteilung raumordnerischer Effekte (Punkt 1), wie sie auch in den regionalen Beschäftigungseffekten NR1 und NR2 praktiziert wird, den Anforderungen der Raumordnung gerecht wird. Denn wenn die raumwirtschaftli-chen Veränderungen durch Veränderungen des netzweiten Gravitationsgefüges ausge-löst werden, dann greifen streckenbezogene Quantifizierungen offenbar zu kurz. Die Punkte 2 und 3 beziehen sich auf die mit der Einbeziehung räumlicher Wirkungen be-wirkte Vermischung von Effizienz- und Verteilungskriterien im Bewertungsverfahren. Zwar ist unstreitig, daß die Verteilungsaspekte in einer gesamtwirtschaftlichen Betrachtung berücksichtigt werden müssen, doch sollten diese aus Gründen der Transparenz klar von den Effizienzkriterien abgetrennt werden. Der vierte Punkt macht deutlich, daß die Rolle der raumordnerischen Kriterien im bisherigen Bewertungsverfahren sehr beschränkt ist. Gesichtspunkte von elementarer Bedeutung für die Gestaltung einer ökonomisch günstigen und ökologisch verträglichen Verkehrsnetzstruktur im Raum, wie etwa die

Abb. 1: Komponente „Raumordnerische Vorteile" in der BVWP

> **Raumordnerische Vorteile**

$$NR_3 = P_S \, (NB_1 + NB_2 + NE + NR_1 + NR_2) \qquad [DM/Jahr]$$

                   Nutzen aus Beschäftigungseffekten

              Nutzen aus Reisezeitersparnis

         Nutzen aus Betriebskostenersparnis der Verkehrsteilnehmer

     regionaler Strecken-Präferenzierungsfaktor

     ≙ Rangreihe des Streckenindikators S

     (nach Ausschluß von Streckenverbindungen im schnellsten Luftliniengeschwindigkeitsquartil)

Streckenindikator S_V für Verbindungstyp V

$$S_V = \sqrt[3]{\text{Verbindungsqualität} * \text{Lagegunst} * \text{wirtschaftlicher Rückstand}}$$

               normalisierte Indikatoren

Verbindungsqualität:
(1) arithm. Mittel der Luftliniengeschwindigkeiten zwischen

     Oberzentrum   ⟶   5 Nachbar-Oberzentren
     Mittelzentrum   ⟶   5 Nachbar-Mittelzentren

(2) Reisezeitsumme für die Verbindung zwischen einem
     Oberzentrum und allen zugehörigen Mittelzentren

Lagegunst:
     Reisezeitsummen
     Oberzentrum   ⟶   5 Nachbar-Oberzentren
     Mittelzentrum   ⟶   5 Nachbar-Mittelzentren
     Oberzentrum   ⟶   alle Nachbar-Mittelzentren

Wirtschaftlicher Rückstand:
     Indikator der Gemeinschaftsaufgabe der regionalen Wirtschaftsförderung aus normierten Einzel-
     indikatoren:
         -    Arbeitsreservekoeffizient
         -    Arbeitslosenquote
         -    Bruttoinlandsprodukte pro Kopf
         -    Lohn- und Gehaltssumme pro Arbeitnehmer
         -    Infrastrukturausstattungsindikator

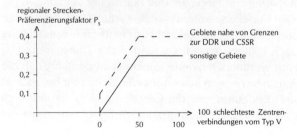

Quelle: Beckmann, Herz
und Hochstrate (1990)

Lagegunst, werden nur für eine geringe Anzahl von Strecken untersucht. Die Sinnhaftigkeit einer solchen Vorgehensweise ist zu prüfen, wobei die Beschreibung aufgezeigt hat, daß eine Ergänzung des BVWP-Verfahrens mit dem Ziel einer besseren Integration der raumordnerischen Aspekte wohl über die Modifikation von Einzelkriterien hinausgehen muß.

Aufgrund der partialökonomischen, streckenorientierten Vorgehensweise des BVWP-Bewertungsverfahrens ist es bislang schwierig, die raumordnerischen Aspekte geeignet zu integrieren. Die im Herbst 1993 vom Bundesministerium für Raumordnung, Bauwesen und Städtebau eingesetzte Expertengruppe „Raumordnerische Anforderungen an die Bundesverkehrswegeplanung" hatte daher die Aufgaben,

- die raumordnerischen Aspekte der Verkehrswegeplanung zu spezifizieren und
- Schnittstellen aufzuzeigen, mit deren Hilfe die raumordnerischen Belange in die Bundesverkehrswegeplanung aufgenommen werden können.

2. Ziele und Reichweiten der Raumordnungspolitik im Verkehr

Die Raumordnung hat eine dienende Funktion. Mit ihrer Hilfe sollen die Originärziele: stetiges Wachstum der Wirtschaft und ausgewogene Verteilung der Einkommen in den Regionen der Volkswirtschaft bei dauerhaft tragbaren Umweltbedingungen erreicht werden. Die Raumordnungspolitik bezweckt

- effizienzfördernde, gestaltende Effekte, indem sie die Standortbedingungen innerhalb der Bundesrepublik und der Europäischen Union prägt, die Erschließung der regionalen Wirtschaftspotentiale fördert und durch die räumliche Verteilung öffentlich geschaffener Zentralitäten die adaptive Effizienz des Wirtschaftsystems verbessert;
- ausgleichende Effekte, indem sie Disparitäten der Lebensverhältnisse im Raum vermindert und fehlende naturräumliche Potentialfaktoren durch geschaffene ersetzt;
- umweltverbessernde Effekte, indem die Aktivitätenmuster räumlich so durch zentrale Orte, Flächennutzungskoordinierung und Infrastrukturanlagen gestaltet werden, daß Flächenverbrauch und Ressourcenbedarf für die Raumüberwindung vermindert werden.

Die Ziele der Raumordnung zum Verkehr ergeben sich unmittelbar oder sind ableitbar aus dem Raumordnungsgesetz (ROG) vom 28.4.1993, dem Raumordnungspolitischen Orientierungsrahmen der Ministerkonferenz für Raumordnung (MKRO) vom 27.11.1992 und dem Positionspapier „Beitrag der Raumordnung zu einer umwelt- und siedlungsfreundlichen Verkehrspolitik" der MKRO vom 14.2.1992. Die Raumstruktur ist gemäß den Leitvorstellungen des ROG so zu entwickeln, daß sie

- der freien Entfaltung der Persönlichkeit in der Gemeinschaft am besten dient,
- gleichwertige Lebensbedingungen der Menschen in allen Teilräumen bietet oder dazu führt,
- Schutz, Pflege und Entwicklung der natürlichen Lebensgrundlagen sichert und
- Gestaltungsmöglichkeiten der Raumnutzung langfristig offenhält.

Bei den gesamträumlichen Beziehungen sind

- gemäß § 1 (2) ROG der räumliche Zusammenhang zwischen den Neuen und Alten Bundesländern zu beachten und zu verbessern,
- gemäß § 1 (3) ROG die räumlichen Voraussetzungen für die Zusammenarbeit im europäischen Raum zu schaffen und zu fördern und
- die Verflechtung zwischen den Teilräumen, insbesondere zwischen Verdichtungsräumen und ländlichen Räumen, zu verbessern und zu fördern.

Daraus ergeben sich

1. Verbindungsziele: Es sind die notwendigen gesamt- und großräumigen Verbindungswege zwischen den Zentren/Standorten, Regionen, Agglomerationen und Staaten herzustellen.
2. Anbindungs- und Erschließungsziele: Die Anbindung der Räume an die Regionenzentren und die Erschließung innerhalb der Raumeinheiten sind durch geeignete Verkehrswege sicherzustellen.
3. Entlastungsziele: In Räumen, die durch den Verkehr, insbesondere den individuellen motorisierten Verkehr, stark in Anspruch genommen werden, sind Entlastungen durch Verkehrsverlagerung und Verkehrsvermeidung notwendig.
4. Schutzziele: In Räumen, in denen Schutz, Pflege und Entwicklung von Natur und Landschaft, insbesondere des Naturhaushaltes, des Klimas, des Waldes, des Bodens und des Wassers sowie die Reinhaltung der Luft oder der Schutz vor Lärm eine besondere Rolle spielen, ergeben sich „Maßhaltegebote" für den Verkehr und die Verkehrsplanung.

Die Ausprägung der raumordnerischen Wirkungen von Verkehrsanlagen kann

- international
- national oder
- regional/lokal

sein. Es kommt darauf an, Wirkungsanalysen und Bewertungen so anzulegen, daß die jeweiligen Ebenen der räumlichen Hierarchie, die durch Verkehrsplanungen primär betroffen sind, maßstabsgerecht abgebildet werden.

Mit der Herstellung der deutschen Einheit hat die raumordnungspolitische Aufgabe der Schaffung gleichwertiger Lebensbedingungen für die Menschen in allen Teilräumen der Bundesrepublik eine neue Dimension erhalten. Nach dem Zusammenbruch der Produktionsstrukturen und dem eingeleiteten wirtschaftlichen Neuaufbau in Ostdeutschland präsentiert sich ein Testfall für erfolgreiche Raumordnungspolitik. Die neuen Länder sind möglichst rasch an die Infrastrukturnetze anzuschließen, um ihre Standortbedingungen zu verbessern.

Im Zuge der Entwicklung des gemeinsamen Binnenmarktes in Europa gewinnt die gestaltende Aufgabe der Raumordnung wieder ein neues Gewicht. Das Beispiel des Kanaltunnels und die Vorstellung von der „blauen Banane" in Europa zeigen, daß die zu erwartenden räumlichen Effekte von Infrastrukturmaßnahmen bei unkoordinierter Planung für manche Regionen kontraproduktiv sein können (Spiekermann und Wegener 1994). Um so mehr gilt es, die „transeuropäischen Netze", die von der Europäischen Union konzipiert und finanziell gefördert werden, mit raumordnungspolitischen Argumenten zu unterlegen. Ansonsten droht die Gefahr, daß Infrastrukturmaßnahmen in Europa nach dem Gießkannenprinzip verteilt werden, anstatt sie zur gleichgewichtigen Entwicklung des europäischen Raumes zu nutzen.

Auch in den Nahbereichen zeigen sich besondere Herausforderungen, welche die Notwendigkeit einer besseren Abstimmung von Verkehrs- und Raumplanung aufzeigen. Während die Kernstädte die Verkehrsprobleme durch restriktive Politik zunehmend in den Griff bekommen, haben sich die Netzüberlastungen nach außen an die Ballungsränder verlagert. Hier treffen die kernstadtbezogenen Pendel- und Besorgungsverkehre mit den tangentialen Umland- und den Fernverkehren zusammen. Zur Bewältigung dieses Problemfeldes sind neue Konzepte erforderlich, da geeignete Prototypen fehlen (dies gilt auch für die Stadt Zürich, die ihr Kernstadtproblem, nicht aber das Verkehrsproblem im Umland musterhaft gelöst hat). Der Beitrag der Raumordnung besteht hier in der Umsetzung des Grundsatzes der dezentralen Konzentration (vgl. Beckmann und Sturm 1994), d.h. in

- der Förderung verdichteter, kompakter Siedlungsstrukturen mit einer Konzentration der Siedlungtätigkeit auf erschlossene Standorte,
- der Erhaltung und Verbesserung der Wohnungsangebote in den Siedlungskernen,
- der Erhaltung und Förderung der Angebote an Versorgung und sozialer Infrastruktur in den Stadtteilzentren,
- der Steuerung oder Verhinderung großflächiger Attraktivitäten für Freizeit und Einkaufen an peripheren und ÖV-mäßig schlecht angebundenen Standorten,
- der Wohnumfeldverbesserung durch Verkehrsberuhigung, Parkraumbewirtschaftung, Durchgrünung, Naherholungsräume.

3. Raumordnung als Entwicklungsaufgabe

Die gestalterische Aufgabe der Raumplanung besteht darin, die Funktionsfähigkeit der Teilräume durch geeignete Verteilung staatlich produzierter Standortfaktoren zu verbessern. Der Ausbau der Verkehrsinfrastruktur leistet hierzu zentrale Beiträge. Dabei stellt sich die Frage, ob es möglich ist, die Verbesserung der regionalen Wirtschaft in direkter Weise mit Hilfe von ökonomischen Indikatoren wie Sozialprodukt oder regionale Beschäftigung zu erreichen. Die BVWP enthält in den Kriterien NR_1 und NR_2 Ansätze für die Abschätzung der regionalen Beschäftigungswirkungen (NR_1: Bauphase; NR_2: Betriebsphase). Abgesehen von den Daten- und Aktualisierungsproblemen ist es zweifelhaft, ob solche Abschätzungen auf der Projekt- (Strecken-) Ebene überhaupt in wissenschaftlich gesicherter Form möglich sind. Die „klassischen" Kriterien der Raumordnung auf der anderen Seite beziehen sich auf die Messung der Standortlagegunst und der Infrastrukturgüte von Regionen. Klemmer (1994) schlägt vor, die Lagegunst von Regionen mit Hilfe von vier Tatbeständen zu definieren:

1. Erreichbares Menschen- und Absatzpotential in Abhängigkeit von bestimmten Zeitdistanzen,

2. Zeitentfernung zum nächstgelegenen Verdichtungsraum im Straßen- und Schienenverkehr,

3. Durchschnittliche Zeitentfernung zu den anderen Regionen im Rahmen eines möglichst umfassend definierten Gesamtnetzes im Straßen- und Schienenverkehr,

4. Zeitentfernung zum nächstgelegenen (internationalen) Flughafen.

Wesentlich ist, daß die entsprechenden Indikatoren netzbezogen quantifiziert werden. Die Möglichkeit für ein solches Vorgehen haben Klemmer (1994), Eckey (1994) und INOVAPLAN (1992) aufgezeigt. Für die Beurteilung der Raumwirkungen von Hochgeschwindigkeitsstrecken der Eisenbahn benutzt INOVAPLAN ein etwas differenzierteres Indikatorenmodell, das im Bereich der vermittelten Standortfaktoren aus den folgenden Komponenten besteht:

1. Verhaltensbezogene Indikatoren (Attraktivitäts- und Distanzerwartungswerte verknüpft mit Interaktionswahrscheinlichkeiten),

2. Potentialindikator (Erreichbarkeitsbedingungen unter Ausblendung der Verhaltenskomponente, also eine theoretische Erreichbarkeit),

3. Güterverkehrsindikator.

Zur Messung der Infrastrukturgüte schlägt Klemmer (1994) den Indikator „Luftli-niengeschwindigkeit" vor. Verringerungen der Varianz dieses Indikators, im Querschnitt über die Regionen betrachtet, indizieren einen Rückgang von Disparitäten, also eine raumwirtschaftlich erwünschte Veränderung. Auch lassen sich bezüglich dieses Indikators Mindeststandards definieren, deren Unterschreitung einen dringlichen Bedarf von Regionen an zusätzlicher Infrastrukturausstattung indiziert.

4. Gleichwertigkeit der Lebensverhältnisse im Raum

Die Schaffung gleichwertiger Lebensverhältnisse im Raum ist primär Verteilungsziel. Sie kann aber auch durch die Erschließung aller regionalen Leistungspotentiale eine bessere langfristige Anpassungsfähigkeit der Marktwirtschaft („adaptive Effizienz") und eine Verbesserung der Leistungsbereitschaft der Bevölkerung durch Abbau sozialer Disparitäten bewirken. Gleichwertigkeit der Lebensverhältnisse im Raum bedeutet nicht Gleichheit der Ausstattungen mit allen vermittelten Standortfaktoren, insbesondere nicht Gleichheit der Ausstattung mit Verkehrsinfrastruktur. Bei der Bewertung der Lebensbedingungen sind regionale Eigenheiten und Potentiale zu berücksichtigen. Die Bestimmung der Gleichwertigkeit erfordert eine laufende Anpassung an sich ändernde Rahmenbedingungen aus planerischer Sicht, z.B. durch regelmäßige Überprüfung von Mindeststandards und Richtwerten, in konzeptioneller Hinsicht durch Bestimmung einer raumadäquaten Versorgung, bei der auch die Ansprüche der in den einzelnen Räumen wohnenden Bevölkerung zu berücksichtigen sind (Prognos 1994). Gleichwertigkeit kann nur in jenen Lebensbereichen als Standard angestrebt werden, die Aufgabenbereiche staatlicher Politik sind (Infrastruktur, Standortvorsorge, zentrale öffentliche Einrichtungen, Umweltvorsorge).

Das Raumordnungsgesetz nennt als Lebensbereiche, in denen im Bundesgebiet möglichst geringe Unterschiede bestehen sollen:

- Erwerbsmöglichkeiten
- Wohnverhältnisse
- Umweltbedingungen
- Verkehrs-, Versorgungs-, Entsorgungseinrichtungen.

Insbesondere die Verkehrseinrichtungen fallen in diesem Zusammenhang aus dem Rahmen (Prognos 1994). Als eine zur Ausübung bestimmter Aktivitäten „dienende" Infrastruktur ist ihre Funktion auf die jeweils anderen zentralen Lebensbereiche zu beziehen. Eine Bewertung der Verkehrsinfrastruktur sollte deshalb im Zusammenhang mit den Anforderungen der anderen Lebensbereiche vorgenommen und dabei, soweit es geht, an den jeweiligen raumstrukturellen Rahmenbedingungen orientiert werden.

Aus der Interpretation des Begriffs der Gleichwertigkeit folgt, daß dessen Quantifizierung mit Hilfe eines nutzwertanalytischen Konzeptes möglich sein kann. Dies bedingt

- die Definition geeigneter Indikatoren für die politisch beeinflußbaren Lebensbedingungen im Raum,
- die Behandlung des Problems der Aufrechenbarkeit von Ausstattungsdefiziten gegen Ausstattungsreichlichkeiten,
- die Festlegung von Mindeststandards, deren Unterschreitung nicht kompensierbar ist.

Die bislang auf der Basis von Einwohnerdichten gebildeten Raumtypen werden für solche Beurteilungen nicht ausreichen. Zu prüfen ist, inwieweit eine funktional ausgerichtete Regionentypisierung hilfreich oder sogar notwendig sein wird, um eine Beurteilung der Gleichwertigkeit der Lebensverhältnisse, bzw. der geeigneten Maßnahmen zu ihrer Herstellung, zu ermöglichen.

5. Systemorientierung der Bundesverkehrswegeplanung

Während das Prognoseverfahren der BVWP bereits sehr stark systemorientiert ist, ist dies bei der Bewertung der Maßnahmen nicht der Fall. Nachteile ergeben sich besonders bei der Beurteilung raumordnerischer Aspekte, da diese in der Regel erst im Netzzusammenhang quantifiziert und beurteilt werden können. Aus Sicht der Raumordnung ist somit eine Systemorientierung vor allem bei der Maßnahmenbewertung wünschenswert. Dies umfaßt eine möglichst weitgehende Annäherung an die folgenden Forderungen:

1. Alle wesentlichen Rückkoppelungen zwischen dem Verkehr und seinen Determinanten sollten in ihrer Entwicklungsdynamik erfaßt werden.

2. Alle wesentlichen Reaktionsformen der Verkehrsnachfrage sind zu beschreiben und zu prognostizieren.

3. Alle durch die Verkehrsplanung betroffenen Räume sollten adäquat modelliert werden.

59

4. In einer Systemplanung sollten alle wesentlichen Ziele auf der aggregierten wie auf der regionalen Ebene berücksichtigt werden.

5. Nicht nur die Einzelmaßnahmen, sondern vor allem die Maßnahmenprogramme sollten als Gesamtheiten bewertet werden (vgl. dazu Rothengatter 1994).

Die praktische Konsequenz einer Berücksichtigung dieser Forderungsliste besteht darin, daß eine neue Ebene für die Bewertung entsteht: die Systemebene. Hier geht es darum, das bestmögliche Verkehrsnetz der Zukunft aus der Fülle von alternativen Gestaltungsmöglichkeiten herauszuarbeiten, wobei sowohl bei den prognostischen wie auch bei den bewertenden Rechnungsschritten der Netzzusammenhang gewahrt wird. Für die Raumordnung ist wesentlich, daß die wichtigen Kriterien raumwirtschaftlicher Beurteilung beim Systemansatz auf der richtigen Maßstabsebene, nämlich bezogen auf das Gesamtnetz und nicht auf Einzelstrecken, quantifiziert werden können.

Die Bewertung kann im Rahmen einer Verkehrsplanung unterschiedlichen Zwecken dienen:

- Systembestimmung,
- Variantenauswahl,
- Dringlichkeitsreihung.

Für jeden Zweck ist eine geeignete Auswahllogik anzuwenden. Die gegenwärtige Methodik, die verschiedenen Aussagezwecke mit Hilfe einer Auswahllogik, dem Nutzen-Kosten-Quotienten, zu behandeln, ist wissenschaftlich anfechtbar.

Die klassischen Kriterien der Raumordnung (Entwicklung, Gleichwertigkeit der Lebensverhältnisse) spielen vor allen Dingen im Bereich der Systembestimmung eine Rolle. Bei der Variantenauswahl hat der Aspekt des Schutzbedarfs eine hohe Bedeutung, der durch die Kriterien des Umweltbereichs bewertet wird. Bei der Beurteilung von Dringlichkeiten kann der Ordnungsbedarf insofern eine Rolle spielen, als unerträgliche Ballungserscheinungen, z.B. bei Ortsdurchfahrten, eine Entzerrung von Verkehren, z.B. durch Ortsumgehungen, erforderlich machen. Dieser Aspekt ist durch Standardkriterien der Bundesverkehrswegeplanung bereits weitgehend abgedeckt. Daraus folgt, daß - bis auf die städtebaulichen Aspekte - die klassischen raumordnerischen Kriterien in erster Linie bei der Systembestimmung eine Rolle spielen. Daher ist es erforderlich, die Schnittstellenproblematik auf diesen Bereich zu konzentrieren.

6. Zusammenfassung

1. Das Verfahren der Bundesverkehrswegeplanung ist in Kernbereichen (Verkehrsprognose) systembezogen angelegt und gilt im europäischen Vergleich als eine der fortgeschrittenen Methoden der Gesamtverkehrsplanung. Es geht daher nicht um eine grundlegende Neukonzeption des Verfahrens, sondern um eine geeignete Veränderung, um die Aspekte der Raumplanung zu integrieren.

2. Die wesentliche Modifikation, die für das Verfahren der BVWP vorgeschlagen wird, ist das Vorschalten einer Systemanalyse und -bewertung vor die projektbezogenen

Beurteilungen. Die raumordnerischen Wirkungen von Verkehrsinvestitionen lassen sich nur bei Betrachtung des gesamten Netzzusammenhangs sinnvoll quantifizieren. Daher sollten die Aspekte der Raumplanung in erster Linie in eine solche Systembetrachtung einfließen. Dies gilt im übrigen auch für globale Aspekte des Umweltschutzes, z.B. die Klima-Problematik.

3.   Der raumordnerische Teil des bisher angewendeten BVWP-Verfahrens bei projektbezogenen Beurteilungen entfällt, wenn zuvor eine Systembeurteilung durchgeführt wurde. Dies erleichtert die Anpassung der Projektbewertung an die Aussagezwecke der Variantenauswahl und Dringlichkeitsreihung.

4.   Die durch Verkehrswegeinvestitionen bewirkten Veränderungen von Erreichbarkeiten können mit Hilfe von Lagegunst-Indizes (unter Berücksichtigung des Netzzusammenhanges) dargestellt werden, wobei folgende Aspekte zu beachten sind:

- Bildung geeigneter Indizes für den Personen- und den Güterverkehr,
- Berücksichtigung der zentralörtlichen Gliederung und entsprechende Gewichtung der raumwirtschaftlichen Beiträge.

5.   Erweiterte (mit wirtschaftlichen Kennzahlen gewichtete) Lagegunstindizes können als Potentialindikatoren verwendet werden und den Beitrag zur regionalen Wirtschaftstätigkeit beschreiben. Dies bietet sich dann an, wenn detaillierte Prognosen für die regionalwirtschaftlichen Konsequenzen nicht durchgeführt werden können. Falls die Auswirkungen auf die regionale Wirtschaft durch Potentialindikatoren gemessen werden, ist eine zusätzliche Angabe von erwarteten Beiträgen zum Regionalprodukt oder zur regionalen Beschäftigung nicht mehr erforderlich und sollte zur Vermeidung von Doppelzählungen unterlassen werden.

6.   Das Verteilungsziel der Schaffung gleichwertiger Lebensverhältnisse im Raum kann mit Hilfe der Definition von Mindeststandards und der entsprechenden Klassifizierung von Regionen quantifiziert werden. Hierzu ist es erforderlich, ein System von raumwirtschaftlichen Kennzahlen zu entwickeln. Dieses basiert auf

- objektiven Ausstattungsindikatoren,
- sozioökonomischen Merkmalen der Region und
- Indikatoren für die subjektiven Präferenzen.

Ein sinnvolles verteilungspolitisches Ziel kann darin bestehen, die Varianz der regionalen Infrastrukturgüte zu verringern.

Literatur

Beckmann, K.J. und P. Sturm: Gibt es eine wirksame Zuordnung von Nutzung und Verkehr, oder ist das eine schöne Theorie? Fragen- und Themenkatalog zu „Stadt und Verkehr - die nächsten 10-15 Jahre". Arbeitsausschuß „Grundsatzfragen der Verkehrsplanung" der Forschungsgesellschaft für Straßen- und Verkehrswesen. Köln 1994.

Eckey, H.-F.: Anregungen zu: Raumordnerische Defizite bei der bisherigen Bundesverkehrswegeplanung. Arbeitspapier. Kassel 1994.

INOVAPLAN GmbH: Raumordnung und europäische Hochgeschwindigkeitseisenbahn. Forschungsbericht für den BMBau. München 1992.

Klemmer, P.: Indikatoren zur Bewertung von Verkehrswegenetzen bzw. von Neu- und Ausbauvorhaben aus regionalpolitischer Sicht. Arbeitspapier. Essen 1994.

Prognos AG: Gleichwertigkeit der Lebensbedingungen im Raum - Ansätze zur Operationalisierung. Bearb. Kritzinger, S., Rommerskirchen, S. und H. Schad. Basel 1994.

Rothengatter, W.: Systemaspekt und modularer Aufbau der Bundesverkehrswegeplanung. Arbeitspapier. Karlsruhe 1994.

Spiekermann, K. und M. Wegener: Auswirkungen des Kanaltunnels auf Verkehrsströme und Regionalentwicklung in Europa. In: Raumforschung und Raumordnung. Heft 1/1994.

G. Wolfgang Heinze

Mobilitätswachstum und Raumverträglichkeit
Thematische Diskurse

Der zweite Tag der Wissenschaftlichen Plenarsitzung begann mit zwei Debatten. De-batten bilden formalisierte Streitgespräche zwischen zwei Vertretern bewußt extrem ge-gensätzlich formulierter Standpunkte zu einem wichtigen Thema. Der persönliche Stand-punkt des Debattenredners interessiert nicht. Was allein zählt, ist die zugeteilte Rolle, die er möglichst konsequent und überzeugend zu vertreten hat.

1. Debatte: „Erzeugt die räumliche Arbeitsteilung Mehrverkehr und ist sie räumlich positiv oder negativ zu bewerten?"

MODERATOR:

Ausgangspunkt ist das übergroße Verkehrswachstum, das in den Prognosen zum Bundesverkehrswegeplan vermutlich noch unterschätzt worden ist. Doch schon Max Frisch hielt die Krise für einen durchaus produktiven Zustand, man müsse ihr nur den Beigeschmack der Katastrophe nehmen. Verkehrswachstum ist ein Megatrend: ein gerichteter Prozeß, den niemand verantwortlich steuert. Vielmehr ist er das komplexe Verknüpfungsergebnis vieler Entwicklungen in vielen Bereichen. Deshalb werden wir nur Erfolg haben, wenn es uns gelingt, Systemtrends an Verzweigungspunkten mit Hilfe kleinster Parameteränderungen in systemverträgliche Richtungen abzulenken. Systemtendenzen geschickt zu nutzen, um die eigenen Schwächen auszugleichen, war auch die Strategie des tapferen Schneiderleins. Von schwächlicher Konstitution, aber listenreich und frohen Mutes, nutzte er die Schwachstellen der Riesen und konnte sie deshalb gegeneinander ausspielen. Die Riesen unserer Zeit ergeben sich aus der Eigendynamik von Subsystemen erheblicher Autonomie.

Über das grundsätzliche Ziel und die entsprechende Vorgehensweise herrscht in der Verkehrswissenschaft inzwischen relativer Konsens. „Verkehrsvermeidung" ist eine der großen Herausforderungen von heute. Dies gilt in besonderem Maße für Wirt-schaftsräume, deren Dynamik erheblich erhöht werden soll. Dynamisierung aber be-deutet stets Expansion, Intensivierung und wachsende Systemvielfalt und damit wach-

---

Der Vertreter vorwiegend positiver Wirkungen der Arbeitsteilung wird als „PRO", der Vertreter der vorwiegend negativen Wirkungen als „CONTRA" bezeichnet. Die Debatte bestritten Prof. Dr. G. Aberle (Universität Gie-ßen) und Prof. Dr.-Ing. H. Holzapfel (Gesamthochschule Kassel), die Moderation übernahm Prof. Dr. G.W. Heinze (Technische Universität Berlin).

senden Interaktionsbedarf. Wegen seiner Auswirkungen auf Stadtverträglichkeit und Atmosphäre bildet der motorisierte Verkehr heute einen der größten Engpässe in der Stadtentwicklung. Deshalb besteht die beste Umweltpolitik im Verkehr darin, die Zahl und Weite von Kfz-Fahrten zu minimieren, aber zugleich die notwendige und wachsende globale Einbindung dieser Teilräume zu gewährleisten. Um die Funktionsfähigkeit unserer Städte durch Wirtschafts- und Güterverkehr aufrechtzuerhalten, bietet sich für den Personenverkehr ein mehrfacher Filterprozeß an: Zuerst sollten Flächennutzung, Telekommunikation und Makrologistik soviel außerhäusigen physischen Verkehr wie möglich am Entstehen hindern. Von diesem Rest sollte soviel wie möglich unmotorisiert durchgeführt werden. Vom Rest sollte soviel wie möglich kollektiv motorisiert vorgenommen und nur der verbleibende Rest als Autoverkehr möglichst umwelt-, sozial- und stadtverträglich gestaltet werden. „Verkehrsvermeidung" ist also in Wirklichkeit eine Verlagerung von motorisiertem Verkehr: entweder

- auf immaterielle oder unmotorisierte Verkehrsformen oder
- auf innerhäusige Verkehrsformen oder
- von großräumigem auf kleinräumigeren Verkehr oder aber
- von motorisierten Verkehrsformen geringer Besetzung auf Fahrzeuge höherer Besetzung, um Kfz-Kilometer (bei gleichen Personenkilometern) zu senken.

Die Realität dieses „Trichters" aber ist umgekehrt: 5% der Personenverkehrsleistung (Pkm, alte Bundesländer, 1989) werden unmotorisiert erbracht, 18% kollektiv und 77% mit dem Pkw. Der Trichter ist deshalb in Wirklichkeit eine Pyramide; mit anderen Worten: Dieser Filterprozeß ist um so wirkungsvoller, je höher er stattfindet. Deshalb gilt es politisch, unerwünschte Verkehre zu belasten und erwünschte Verkehre zu entlasten. Was jetzt gefragt ist, ist primäre Regulation unseres Gesamtsystems. Da der Verkehr durch eine Vielzahl vernetzter Faktoren entsteht, ist es erforderlich, an vielen Schrauben zu drehen. Zwei zentrale Themen stehen in den folgenden Debatten zur Diskussion: (1) die Bedeutung weltwirtschaftlicher Arbeitsteilung für die Verkehrsvermeidung und (2) der Stellenwert der Preispolitik angesichts der Bedeutung der Transportkosten für die Steuerung räumlicher Entwicklungsprozesse.

„Erzeugt also die räumliche Arbeitsteilung Mehrverkehr, und ist sie räumlich positiv oder negativ zu bewerten?"

PRO:

Zuerst müssen wir hier zwei Bereiche räumlicher Arbeitsteilung unterscheiden: (1) Wohnen und Arbeiten sowie (2) die sektoral-räumliche Arbeitsteilung.

Obwohl die räumliche Trennung von Wohnen und Arbeiten Verkehr erzeugt, ist das Zusammenlegen von Arbeitsplatz und Wohnung in der Praxis kaum machbar. Ehepaare sind meist in unterschiedlichen Betrieben und an unterschiedlichen Standorten tätig. Damit sind entsprechende Mobilitätsanforderungen verbunden. Ohne die dazugehörige Verkehrsmobilität gestaltet sich jeder Arbeitsplatzwechsel schwierig. Dieses Problem wird sich weiter verschärfen. Jedes weitere Hochhaus in Frankfurt/Main erhöht hier nicht nur die Konzentration von Arbeitsplätzen. Vielmehr ist der Arbeitsmarkt in Frankfurt weitgehend erschöpft, so daß auf Reserven in Mittelhessen zurückgegriffen werden muß. Dies aber ist kein Bereich der Verkehrspolitik, sondern betrifft die adäquate Anlastung der Agglomerationskosten. Auch ist der Arbeitnehmer hier nicht der primäre Verkehrsverursacher.

Auch die sektoral-räumliche Arbeitsteilung erzeugt Verkehr, d.h. vor allem Güter- und Wirtschaftsverkehr, aber diese Arbeitsteilung ist eine gewünschte Größe. Denn diese Integration verstärkt den Außenhandel und schafft Wohlfahrtseffekte durch intensivierte Arbeitsteilung. Das Reduzieren der Fertigungstiefe (sourcing out, global sourcing, modular sourcing) erhöht die Arbeitsteilung. Vorschläge, sich von diesem globalen Trend abzukoppeln, sind unrealistisch: Als europäischer Zentralstaat leben wir von der Arbeitsteilung. Wir können keine exportorientierten Arbeitsplätze schaffen und dann erwarten, daß sich die entsprechenden Waren mit Hilfe der Telematik exportieren lassen. Telematik ist für unsere Generation immer noch eine lediglich wünschenswerte Möglichkeit räumlicher Entlastung von Verkehr. Die Hoffnung der 80er Jahre auf rasche Verkehrsentlastung durch Telearbeitsplätze hat sich bisher nicht erfüllt. Telematik wird heute von der Verkehrspolitik vor allem deshalb ins Spiel gebracht, um von den rückläufigen Verkehrsinvestitionen abzulenken.

CONTRA:

Gerade weil ich diese skeptische Einschätzung der Telematik voll teile, bin ich der Ansicht, daß das Optimum internationaler Arbeitsteilung bereits überschritten ist. Nicht die Arbeitsteilung an sich wird abgelehnt, sondern die weitere Entwicklung. Halten wir diesen Trend für gefährlich, sind gerade wir zu Innovationen verpflichtet. Das Beispiel der entfernungsintensiven Produktion eines Joghurtbechers induziert geradezu die Frage, ob die Menschen dies wirklich wollen. Schließlich ist es die Form der Arbeitsteilung, die unsere künftige Lebensform determiniert. Wenn wir Los Angeles mit seiner Gleichförmigkeit ablehnen, müssen alternative Visionen erlaubt sein. Auch die heutige Moderne geht auf Visionen von 1909 zurück. Wie also läßt sich ein selbstbestimmter Lebensstil ohne Auto und Einfamilienhäuser schaffen, vor allem wenn sich Vermutungen bestätigen sollten, daß künftige Generationen eine differenziertere Einstellung zu den Einfamiliensiedlungen von heute entwickeln? Internationale Arbeitsteilung ist ja nicht nur mit "Umlabeln", anderen Kontrollbedingungen und Entdemokratisierung durch das Normieren von Äpfeln und Birnen verbunden. Die gesundheitlichen Langfristwirkungen unserer Verkehrsbelastung als Ergebnis intensiver Arbeitsteilung bis hin zu den individuellen psychischen Folgen für Kinder werden nach Ansicht von Medizinern deutlich unterschätzt. Weniger Verkehr als angenehmere Lebensart bedeutet aber weniger Arbeitsteilung!

PRO:

Die Bilder vom entfernungsintensiven Joghurtbecher oder vom Waschen mitteleuropäischer Kartoffeln in Italien sind zwar plakativ, aber doch nur von sehr begrenztem Gewicht. Im Mittelpunkt der Diskussion sinkender Fertigungstiefe müssen hochwertige langlebige Konsum- und Investitionsgüter stehen. Schließlich ist bei uns gerade jetzt das Auto der einzige fundamentale Wachstumsträger.

CONTRA:

Die Reduktion der Fertigungstiefe eines Produkts ist deshalb so bedenklich, weil dabei auch auf jeder Zulieferstufe wiederum die Fertigungstiefe verringert wird. Deshalb steigt der Verkehr dann exponentiell an, und deshalb gehen verschiedene deutsche Automobilhersteller schon wieder dazu über, die „outgesourcten" Zulieferer auf dem eigenen Werksgelände anzusiedeln, um Verkehr zu vermeiden. Das aber ist letztlich wieder die alte „Fabrik".

Wird zudem bekannt, daß bestimmte Marken und Produkte weltweit doch nur auf einen oder zwei Produzenten zurückgehen, werden sie für die Verbraucher austauschbar. Entscheidend ist es, die Verringerung der Arbeitsteilung vom Nachfrager her durchzusetzen. Meistens fehlt es einfach an Angeboten. Das fiktive Drei-Liter-Auto von Greenpeace, für das es angeblich keinen Markt gibt, war auf der Frankfurter Automobilmesse das meistverkaufte Auto. Auch Naherholung ist nicht mehr möglich, weil unter anderen die Industrie die Stadtränder mit Flachfabriken belegt hat. In der Nähe kann man nicht mehr einkaufen, weil Supermärkte und Verkehrsinfrastruktur fast jedes kleine Geschäft verdrängt haben. Wenn eine Autobahn, wie neulich zwischen Bremen und Hamburg, wegen Eröffnung eines neuen Einkaufszentrums blockiert ist, stellt sich die Frage, warum diesem nicht diese Kosten angelastet werden.

PRO:

Im Mittelpunkt dieser Diskussion sollte der wachsende Freizeitbereich stehen. Warum? Güter- und Straßengüterverkehr sind vergleichsweise von eher nachgeordneter Bedeutung gegenüber dem Pkw-Verkehr und Wunschverkehren (und hier vor allem dem Freizeit- und Urlaubsverkehr). Freizeit wird in Deutschland in erschreckendem Maße in Verkehrsmobilität umgesetzt, aber es gibt auch anderswo im Umkreis von 500 km kaum derart viele attraktive Ziele wie hier in Mitteleuropa. Der Straßengüterverkehr aber unterliegt dem Rationalitätskalkül, Pkw-Verkehr nicht. Deshalb ist ersterer auch leichter zu beeinflussen als letzterer. Die Industrie versucht die räumliche Wirkung sinkender Fertigungstiefe zu entschärfen, indem die Eisenbahn - wo nur möglich - eingesetzt wird und indem die Zulieferer direkt an der Endfertigung angesiedelt werden. Aber Zulieferer müssen dem Wettbewerb unterliegen und austauschbar bleiben. Deshalb ist eine dauerhafte räumliche Bindung von Zulieferer und Abnehmer eine diffizile Angelegenheit. Die Entscheidung, z.B. als Bier nur landesweit die betreffenden Landesprodukte zu trinken, bedeutet das Ende der freien Konsumwahl als Element der Lebensqualität. Dies gilt natürlich unter der Voraussetzung, daß alle Kosten entsprechend angelastet werden. Deshalb stellt räumliche Arbeitsteilung auch ein ganz wesentliches Element der Lebensqualität dar.

CONTRA:

Natürlich müssen auch Produkte aus entfernteren Gegenden erhältlich sein. Entscheidend ist nur, daß der Konsument (1) erfahren muß, woher etwas kommt, und (2) Produkte aus der näheren Umgebung auch kaufen kann. Deshalb sollte der Joghurtbecher, der den Großteil seiner Rohstoffe aus der Nähe bezieht, einen Aufkleber tragen, um „Nähe" marktfähig zu machen. Derzeit ist „Nähe" nicht marktfähig.

Um kleine Systeme wieder zu begünstigen, sind deshalb Entfernungen sichtbar zu machen und zu verteuern. Man soll Erdbeeren auch im Winter aus Südafrika essen dürfen, aber wissen, mit welchen Transportentfernungen dies verbunden ist. Nur so wird das nötige Umdenken möglich.

Die heutigen Systeme der Arbeitsteilung sind antiquiert und am Ende. Bereits heute ist z.B. die zeitgerechte Automobilproduktion so von den Zulieferern abhängig geworden, daß man den einzelnen Zulieferer im Konkursfall sofort stützen muß, um die Gesamtfertigung nicht zu unterbrechen. In dem Fall, der mir vor Augen steht, war der Konkurs ironischerweise das Ergebnis zu stark gedrückter Lieferantenpreise.

Weil "Outsourcing" - wie Japan zeigt - schon ausgereizt ist, die Belastung der Umwelt von Verkehr aber noch nicht, gilt es in Richtung „Nähe" rechtzeitig umzusteuern. Deshalb sollten die Erfahrungen der Arbeitnehmer in der Umgebung mehr zählen, Bildungsmaßnahmen in der Region gefördert werden, die Kooperation regionaler Firmen unterstützt und nicht länger auf Einkaufszentren und Großmärkte gesetzt werden.

MODERATOR:

Wenn wir die Vorteile der Arbeitsteilung auf Arbeitszerlegung, Größenvorteile (economies of scale), komparative Kostenvorteile und Synergieeffekte (economies of scope) zurückführen, werden Gegenströmungen noch leichter identifizierbar. Gruppenarbeit steht hoch im Kurs, für bestimmte Dienstleistungen gibt es keine sinkenden Grenzkostenverläufe mehr, und regionale Wirtschaftskreisläufe reduzieren komparative Kostenvorteile. Signalisieren diese Gegenströmungen schon eine Trendwende?

PRO:

Die Chance von Gegenströmungen mag in Einzelbereichen bestehen, wenn auch branchenspezifisch sehr differenziert. Doch bleibt das Problem, daß die Transportkosten quantitativ kein durchschlagendes Gewicht besitzen. Und immer wieder werden neue Hoffnungsträger genannt. Die Telematik haben wir schon erwähnt. Die Citylogistik ist ein ähnlicher Fall. So heißt es von der Citylogistik einer westdeutschen Großstadt, sie spare sieben Fahrten von fünfzehn ein. Aber vor allem Paketdienste, Post, Werkverkehre, Food (wie Wurst, Getränke) sind schwer zu integrieren. Dazu kommen in dieser Stadt über 60% Servicedienste mit Kombis, die sich nicht erfassen lassen. Ähnlich problematisch sind Güterverkehrszentren.

Aber ich darf nochmals betonen: Zentralproblem im Verkehr ist nicht der Lkw, sondern der Pkw und hier der Freizeitverkehr. Freizeitmobilität können Sie nicht verbieten, denn was sollen die Leute in ihrer Freizeit sonst machen.

CONTRA:

Gerade wenn die Leute in ihrer Freizeit nur noch herumfahren können, müssen wir ihnen die Möglichkeit geben, wieder irgendwo anzukommen. Am besten ist es, wenn sie mit dem Fahrrad zu Hause losfahren. „Gesundsperren von Städten" in Norddeutschland war ein Riesenerfolg. Die Bürger lernten wieder ihre Städte kennen. Dies berührt ein Grundproblem der „Verpackung". Nicht - wie leider bisher - im „Ökologengrau"

67

mit weniger Lebenslust werben, sondern im Gegenteil mit „halbem Verkehr als doppelter Lebenslust" (wie es in einer neuen Initiative heißt). Ein anderes Beispiel bildet das geplante autofreie Wohngebiet in Bremen. Autoverzicht ist Teil des Mietvertrags. Die Wohnungen sind ein Drittel billiger, weil keine Garagen gebaut werden müssen. Die lange Schlange von Interessenten ist leicht zu erklären: Die Kinder können vor der Tür spielen, es gibt keinen Lärm, die Wohnung kann kleiner sein, denn man muß keinen verlorenen Außenraum innen kompensieren, man braucht am Wochenende nicht wegzufahren, und es gibt Geschäfte vor Ort, weil die Leute in der Nähe einkaufen.

Viel Freizeitverkehr ist durch Fehler der Siedlungsstrukturplanung verursacht worden. Entfernte Großräume wurden für Freizeit ausgewiesen, anstatt sich die Nähe zu erhalten. Am Ende wird dann noch die Streichung von Schrebergärten durch Landschaftsplaner vorgeschlagen, und es gehört zur neuen Rolle des Verkehrsplaners, dann die Schrebergärten zu retten. Stadtränder gehörten früher Kleingärten und der Erholung, wie wir das heute noch in den neuen Bundesländern finden können.

Wir müssen Entfernungen sichtbar machen, auch im Preis. Dann entsteht ökologische Produktion ohne Mehrverkehr, und wenn dies im Preis sichtbar wird, wie in Bremen, werden solche Produkte auch angenommen, wie die langen Schlangen von Interessenten zeigen. Vieles wird sich dann verändern, auch sicher teurer werden, aber der einzelne kann dann entscheiden, wieviel ihm dies wert ist. Wir müssen wieder flächensparender planen, um wieder mehr Lebendigkeit der Menschen, Lebenslust und freies Aufwachsen der Kinder zu erreichen. Dabei wägen wir das Risiko für die kommende Generation gegen die - von meinem Diskussionspartner dargestellten - Risiken für die Wirtschaft ab. In dieser Abwägung gewichte ich die Interessen der Menschen und die Interessen der Städte höher als die Interessen der Wirtschaft. Und diese Interessen der Menschen sind nach meiner Überzeugung nicht durch Telematik oder Güterverkehrszentren zu retten, sondern nur durch ein wirkliches Umsteuern in der Verkehrspolitik.

MODERATOR:

Befinden wir uns heute nicht in einer Situation, in der Verkehr am wirksamsten außerhalb des Verkehrs vermieden werden kann? Ist der Verkehrsplaner heute nicht zum „Sündenbock" vorgelagerter Bereiche geworden?

PRO:

Dem stimme ich voll zu. Man kuriert an Ursachen, man kuriert an Symptomen. Es ist ja viel vom neuen Menschenbild und von Wertewandel die Rede. Dies gehört aber zu einer anderen Fachdisziplin, und es mag sich auch schon vieles gewandelt haben, nur ist im Verkehr davon kaum etwas Verkehrsentlastendes angekommen. Deshalb wird die Verkehrspolitik vollkommen überbürdet, indem man von ihr etwas erwartet, wozu ihr das Instrumentarium fehlt. Der Agglomerationsprozeß bei den Arbeitsplätzen läuft weiter, und auch die logistischen Konzepte lassen sich unterschiedlich bewerten, wenn auch hier einiges in Richtung „veränderter modal split und erhöhter Auslastungsgrad" im Zusammenhang mit der Deregulierung geschieht, was noch vor vier Jahren unvorstellbar erschienen wäre. Und dann haben wir halt den Freizeitverkehr als dominierenden Fahrzweck im Personenverkehr. In der leidvollen Diskussion um die Finanzierung der Pflegeversicherung wurde beispielsweise vorgeschlagen, doch einen Donnerstag im Sommer als „Brückentag" zum Wochenende zu nehmen und damit einen Mobilitätseffekt zu verbinden, aber das Land mit dem größten Freizeitanteil hat sich wieder für einen Tag im nebligen November entschieden, an dem sowieso jeder zu Hause geblieben wäre.

Wie gesagt, sind Maßnahmen im Freizeitverkehr ungemein schwierig. Vielleicht bringt road pricing hier die Lösung, wenn die Leute merken, wie schnell dann ihre Urlaubskasse leer ist. Es kann eine interessante Lösung sein und verkehrsmindernd wirken, obwohl ja der Preis im Verkehr nicht so entscheidend ist. Wie bei so vielen Modeworten zeigt sich auch beim road pricing, daß sich jeder darunter etwas anderes vorstellt. Für den Ökonomen ist es klar, daß Modal-split-Veränderungen in road pricing höchstens eine Restgröße bilden, also eintreten können, aber nicht zwingend eintreten müssen. Vielmehr müßten bei einem sauberen "peak load pricing" hohe Engpaßbeiträge, also „supernormal profits", wieder reinvestiert werden und die Nachfragespitzen zum Verschwinden bringen.

Aber nochmals: Wir müssen sorgfältig zwischen Personen- und Güterverkehr trennen. Der Straßengüterverkehr ist nicht der Engpaß, und die wesentliche Meßgröße der Umwelt- und Kapazitätsbelastung sind nicht die beförderten Personen oder Tonnen oder die geleisteten Personen- oder Tonnenkilometer, sondern die gefahrenen Fahrzeugkilometer. Und hier können wir im Güterverkehr beobachten, daß es wegen des herrschenden Rationalitätskalküls durch steigende Auslastung und vermiedene Leerfahrten möglich war, immer mehr Tonnen mit einem nur geringen Wachstum an Fahrzeugkilometern zu befördern. Wenn zu diesem steigenden Auslastungsgrad qualitativ ansprechende Angebote und Preissteuerung hinzukommen, können wir den Güterverkehr erheblich entschärfen. Dies erscheint im Pkw-Verkehr und hier vor allem im Freizeitverkehr kaum machbar. Hier ist der mittlere Besetzungsgrad praktisch nicht zu verändern.

MODERATOR:

Was sollte man also tun?

CONTRA:

Wir müssen über „Lebensstile" und ihre Folgen sprechen, auch wenn dies nicht zu unserer Profession gehört. Wir müssen den Leuten den Zusammenhang zwischen Verkehrsaufwand, Luftqualität und Lebensstil klarmachen. Der Lkw ist nicht nur Buhmann, sondern ein wesentlicher Emittent von krebserregenden Luftschadstoffen, und in Brüssel hat sich die Lkw-Lobby wegen ein paar Hundert Mark pro Lkw mit nichtwirksamen Luftreinhaltebedingungen durchgesetzt, nach denen die Abgaswerte mit steigender PS-Zahl relativ steigen können. Beim Pkw ist die Luftschadstoffemission je km begrenzt, beim Lkw aber je PS. Mit anderen Worten: Bei doppelter PS-Leistung darf der Lkw also doppelt so viel Schadstoffe ausstoßen. Sinnvoll wäre es aber gewesen, durch harte Vorgaben die Lkw-Hersteller zu saubereren Fahrzeugen zu zwingen.

Wir haben auch gesehen, wie wichtig Freizeitflächen am Stadtrand sind. Die hohe Akzeptanz von Industrieflächen am Stadtrand ohne Eisenbahnanschluß aber geht auf den ubiquitären Lkw-Verkehr, so wie er heute ist, zurück. Vom Lkw geht deshalb eine erhebliche negative raumprägende Wirkung aus. Es muß planerisch verhindert werden, daß potentielle Freizeitgebiete am Stadtrand in Lkw-affine Industriegebiete umgewandelt werden. Es sind auch diese Industrieflächen, wegen denen die Bürger ihre Städte nicht mehr mögen und so gern nach außen flüchten.

PRO:

Sicherlich ist die Emissionsintensität des Lkw größer, denn er hat höhere Verbrauchswerte, und diese hat er, weil er mehr transportiert. Dies kann man ökonomisch bewerten und dem Pkw-Verkehr gegenüberstellen, vor allem dem Freizeitverkehr, wo nur herumgefahren wird. Im Lkw-Verkehr tut sich aber auch etwas. EURO II ist fast Standard, EURO III ist in der konstruktiven Entwicklungsphase. Beim Diesel-Lkw kommen die Partikelfilter, trotz aller technischen Probleme.

Ein Satz aber wie „Der Lkw hat eine erhebliche negative raumprägende Wirkung" darf so nicht im Raum stehenbleiben. Vielmehr haben strukturschwache Räume ihre Arbeitsplätze in der Regel dem Lkw zu verdanken. Sonst hieße es Pendeln oder Wandern. Pendeln ist besser als Wandern, da wirtschaftsschwache Gebiete auf diese Weise durch Kaufkraft und Bevölkerung stabilisiert werden, und dies ist besser, als ÖPNV-gerecht in Hochhäusern der Ballungsräume zu wohnen. Machen wir uns doch nichts vor: Die Trabanten- und Satellitenstädte waren alle Mißerfolge mit den höchsten Kriminalitäts- und Scheidungsraten und ausgeprägtem Vandalismus. Das Negativbild vom Häuschen im Grünen und dem Prestigesymbol Pkw davor, der zweimal pro Woche gewaschen wird, ist deshalb nicht problemgerecht.

CONTRA:

Gerade wegen ihrer verkehrsschaffenden Wirkung können hochverdichtete Gebiete nicht das Ziel sein, sondern eine Mischung, wie sie z.B. Gründerzeitviertel bildeten. Hochverdichtete Reihenhaussiedlungen, wie in Bremen, mit Geschäften und ohne Autos, aber hoher Mobilität könnten ein Zukunftsbild sein. Daß wir eine derart entfernungsintensive Lebensweise praktizieren, ist auch administrativen Entscheidungen zu verdanken. Verwaltungs- und Gebietsreformen, Schulreorganisationen und das Aufgeben von Postämtern hatten verheerende Wirkungen. Und noch etwas: Wenn Sie eine Delegation aus China durch deutsche Ballungsgebiete führen und neuartige Lösungswege anraten, werden Sie sofort gefragt, warum wir diese nicht schon praktizierten. Solange wir also den falschen Lebensstil vorleben, ändert ihn die Dritte Welt nicht.

MODERATOR:

Das Rollenspiel ist nun zu Ende. Ganz herzlichen Dank dafür, daß Sie so konsequent die Ihnen zugedachten Positionen durchgehalten haben. Deshalb nun die entspannende Frage nach dem privaten Standort: Herr Kollege Aberle, leben Sie in der besten aller Welten?

Prof. Aberle:

Mein Problem ist, daß ich die anderen Welten alle nicht so genau kenne. Diese Welt ist sicherlich nicht diejenige, die ich mir in allen Ausformungen als die beste vorstelle. Aber wenn ich mir die Entwicklungen bisher und die Möglichkeiten ansehe, bin ich nicht traurig, in unserer Welt zu leben. Nach allem, was ich von vergangenen Zeiten, die ja angeblich so schön waren, gehört habe, muß ich sagen: Ich bin froh, daß ich nicht in der guten alten Zeit gelebt habe. Diese Zeiten waren wesentlich schwieriger, wesentlich komplizierter. Wir sind uns ja über viele Dinge einig, vor allem über administrative Fehlentscheidungen, die ungemein viel zusätzliche Verkehrsaktivitäten erzwungen haben. Ich habe in einem Editorial schon den Begriff der „Verkehrsverträglichkeitsprüfung" gefordert. Wir haben in Untersuchungen feststellen müssen, wieviel Transportaufwand mit der so sehr gelobten Verpackungsordnung produziert wird. Auch die Zentralisierung des Schulwesens mit dem täglichen Transport von Millionen von Schulkindern ist so ein Fall. Die dabei benutzten Beförderungsgefäße erzeugen bei den Kindern vor allem den Wunsch, sich zuallererst ein individuelles Verkehrsmittel anzuschaffen: mit 16 ein Moped und dann so schnell wie möglich ein Auto. Diese Kinder sind für den ÖPNV verloren. Das alles haben wir administrativen Entscheidungen zu verdanken, woran die Politiker nicht schuldlos waren. Wenn wir im ländlichen Raum ein Bürgermeisteramt besuchen wollen und dazu mit dem ÖPNV eine Tagesreise unternehmen möchten, dann stimmen wir überein, daß diese Welt eine schlechte ist, und ich bin heilfroh, daß ich nicht immer ein öffentliches Verkehrsmittel benutzen muß.

Prof. Holzapfel:

Wegen der großen Übereinstimmung, besonders was die Kinder anbelangt, eine private Bemerkung gerade dazu. Sicher wollen wir heute leben, aber doch in diesem Land. Durch die weltweite Vernetzung können wir die Menschen, die für uns arbeiten, heute nicht mehr sehen, während wir früher noch den Dienstboten über den Hintereingang ins Haus ließen. Heute haben wir unsere Maschinerie und verbrauchen Rohstoffe, unsere Dienstboten sitzen inzwischen in der Dritten Welt. Wir leben auf hohem Niveau und dafür eigentlich zu schlecht. In unserem so reichen Land würde ich mir eines schon nicht mehr wünschen: heute als Kind aufzuwachsen. Man stelle im Bekanntenkreis doch einmal die Frage: „Möchten Sie heute Kind sein und hier aufwachsen", und Sie werden hören, daß die Befragten eine bessere Jugend hatten. Wir besaßen früher viel mehr Freiheit. Möchten Sie denn mit dem "Kinderkalender" von A nach B gebracht werden, zum Gymnastikunterricht, um Bewegungsmangel zu kompensieren, und die Pseudoabenteuerlandschaft im Wohnzimmer haben, die jedenfalls bei mir früher - und ich verkläre meine Kindheit keineswegs - noch auf der Straße war, und möchten Sie zu jedem Kind hingebracht werden? Meine Freunde jedenfalls waren diejenigen, von denen meine Eltern sagten: „Da gehst du nicht hin", aber das waren die interessanten Leute. So etwas hätte ich gern wieder: eine gewisse Lebendigkeit und daß es sich wieder lohnt, in diesem Land zu leben.

2. Debatte: „Führt Preispolitik zu raumverträglichen Strukturen?"

MODERATOR:

Die Forderung nach höheren Preisen im Verkehr ist ein Bruch mit Jahrhunderten der Überzeugung, durch möglichst niedrige Preise im Verkehr wirtschaftliche Entwicklungsprozesse besonders wirkungsvoll fördern und über einen entsprechenden Disparitätenausgleich im umfassenden Sinne damit regionale Strukturpolitik betreiben zu können. Vor allem durch das Verkehrswachstum bedingt, ist nun Preispolitik als Politik hoher Verkehrspreise wiederentdeckt worden. Dieser Pendelschlag zum anderen Extrem gehört zum staatlichen Interventionszyklus, der von der Regulierung über die Überregulierung heute zur Deregulierung geführt hat. Der Wellencharakter der Preispolitik ist unverkennbar, und die Positionen werden zum Teil recht polarisiert vertreten. Ich hoffe nur, daß dies jetzt besonders deutlich wird. Deshalb lassen Sie mich mit der ersten Frage zu den Möglichkeiten und Grenzen der Preispolitik beginnen:

„Reicht Preispolitik allein aus?"

CONTRA:

Preispolitik reicht nicht aus, und ich habe auch große Zweifel, ob Preispolitik im Verkehr überhaupt vernünftig funktioniert. Als Ökonom stellt man schnell fest, daß die Preiselastizität der Nachfrage in bezug auf den Preis im Verkehr (also der Prozentsatz, um den die Nachfrage nach Verkehr sinkt, wenn ich den Preis um 1% erhöhe) ungefähr bei minus 0,2 liegt. Die Ökonomen nennen das eine starre Reaktion. Wird das Einkommen betrachtet, erhalten wir in den westlichen Bundesländern eine Einkommenselastizität von 1 bis 1,5, d.h. eine annähernd proportionale Reaktion. In den östlichen Bundesländern ist sie überproportional. In den Ländern, die noch weniger stark entwickelt sind, liegen die Werte noch weit höher, also bei 2 und darüber. Wenn Sie Preispolitik machen wollen, müßten Sie in Deutschland jedes Jahr den Preis allein um ungefähr 10% steigern, um die klassische durchschnittliche Wohlstandssteigerung der letzten 20 Jahre im Durchschnitt, also ungefähr 2% pro Jahr, zu kompensieren. Dabei würde aber immer die Struktur erhalten bleiben, also die Menge an privater Verkehrsbewegung ungefähr konstant bleiben. Dieses Modell ist gar nicht so schlecht. Es gibt noch eine andere faszinierende Sache, die wir beobachten konnten. Höhere Preise führen ja in der Regel dazu, daß sich die Leute bei der nächsten Kaufentscheidung ein besseres Auto kaufen, wenn es leider auch noch nicht ein Auto mit 3 Litern Kraftstoffverbrauch auf 100 km sein kann. Wenn nun das Auto 1% weniger braucht, müßte eigentlich der Benzinverbrauch pro Jahr um 1% sinken. Er sinkt aber nur um 0,4%. Das ist etwas

---

Der Vertreter vorwiegend positiver Wirkungen der Preispolitik wird als „PRO", der Vertreter der vorwiegend negativen Wirkungen als „CONTRA" bezeichnet. Die Debatte bestritten Prof. Dr. U. Blum (Dresden) und Dr. K.-O. Schallaböck (Wuppertal-Institut für Klima, Umwelt, Energie). Die Moderation übernahm Prof. Dr. G.W. Heinze (Technische Universität Berlin).

außerordentlich Interessantes: Werden die Autos besser, fahren die Leute mehr. Sicher hat dies auch viel mit Zweitautos zu tun, aber die waren in dieser Untersuchung bereits aus dem Modell herausgenommen. Durch bessere Motoren kann man also Emissionen pro gefahrenen Fahrzeugkilometer reduzieren, aber möglicherweise nicht die Jahresfahrleistung und die Anzahl der Fahrzeuge. ·Deshalb müssen wir uns darüber unterhalten, was wir eigentlich reduzieren wollen.

Aber zurück zur Preislösung. Natürlich können wir ein effizientes road pricing machen, aber dies ist nur effizient, wenn ich die „peaks" richtig bestrafe, also mit hohen Gebühren belege, und diese Gebühreneinnahmen im Sinne eines Kreislaufes wieder reinvestiere. Aber das ist ja in Deutschland und Europa gar nicht gemeint. Vielmehr soll es ja eine Finanzierungsquelle der öffentlichen Hand werden. Dann aber gibt es bessere alternative Kapitalverwendungsmöglichkeiten. Ich muß die beteiligten Firmen nicht mit Staatsaufträgen reich machen, sondern kann ein völlig anderes Konzept favorisieren - nämlich ein Konzept der Mengenbegrenzung von Emissionen, z.B. auf CO_2-Basis. Dabei kann ich jedem eine Bürgerlizenz geben für eine Mobilität, die für ihn kostenfrei ist, ihm keine Zusatzkosten verursacht. Wenn der Bürger diese Menge überschreitet, muß er zusätzliche CO_2-Lizenzen kaufen. Dann wird er sehr vorsichtig sein, zum Briefkasten zu fahren, wenn er auch noch mit dem Auto in den Urlaub will. Und er wird vermeiden wollen, im Stau zu stehen; denn im Stau emittiert er CO_2 und erschöpft seine Lizenz, ohne vorwärts zu kommen. Auf der anderen Seite kann man sozusagen hiermit eine Obergrenzenregelungseffizienz und gleichzeitig auch auf der Weltebene die CO_2-Belastung in den Griff bekommen.

Den Umbau der Siedlungsstruktur halte ich für eine ganz wichtige Angelegenheit. Wir sollten heilfroh sein, wenn ein Arbeitnehmer pendelt und sein Einkommen im peripheren Wohnstandort ausgibt. Was passiert, wenn das nicht mehr der Fall ist, sehen wir in der Eifel und werden wir noch deutlicher in den neuen Bundesländern erfahren, wenn dort die Bevölkerung in einigen Gebieten von Brandenburg und Mecklenburg abgewandert oder gestorben ist. Dann wird der Staat kommen und Geld ausgeben müssen, und dies in einer Weise, die nicht emissionsneutral sein wird.

PRO:

Natürlich ist die Preispolitik ein sehr beschränkter Ansatz. Trotzdem muß man die Möglichkeiten nutzen. Die Preise müssen auf lange Sicht die ökologische Wahrheit sein, weil dies die langfristige ökonomische Zwangslage besser abbildet. Ansonsten würden wir uns bei der Allokation von Investitionen auf unhaltbare Zustände und Verhaltensgewohnheiten festlegen. Man muß das in den Preisen einschließen, was derzeit externalisiert wird. Und dann kann man streiten: Was ist das, wie hoch ist das, und wie schnell muß man das machen? So ergeben sich Anpassungen im Bereich von 10% pro Jahr. Ob man dies beim Verbraucher im Zeitablauf degressiv ausgestaltet, ist eine technische Frage. Wenn ich dann ein sparsames Auto habe und dieses weniger bewege, komme ich mit hohen Preisen wieder auf dieselben Ausgaben. Wir sind aber gerade in den beiden Fällen Güter- bzw. Personenverkehr nicht allein auf pretiale Elemente, also preisliche Elemente, fixiert. Es gibt in den Preisen nur unvollständig ausdrückbare Faktoren, die wir nicht vernachlässigen dürfen. Es ist Unsinn, jemanden zu fragen: Was kostet das Weltklima? Jetzt teilen wir das durch so und so viel Pkw-Kilometer. Der Effekt kann nur sein: Unendlich geteilt durch eine unendliche Zahl ergibt unendlich. Eine vollständige Internalisierung der Preise würde somit für jede Einheit unendliche Kosten bedeuten. Mit diesem logisch zwingenden Ergebnis kann man natürlich beliebig hohe Preise als Ergebnis des Internalisierungsprozesses darstellen. Deshalb müssen sich Ökonomen und Techniker auf geisteswissenschaftliche Gebiete vorwagen. Umgekehrt dürfen die Philosophen nicht im Elfenbeinturm bleiben, sondern müssen sich auch ein bißchen um den Rest kümmern, damit man bei Elementen sehr primitiver Logik oder philosophischer Wertsetzung wenigstens auf den Stand von vor über zweieinhalbtausend Jahren kommt. Der Spruch: „Freie Fahrt für freie Bürger" hätte bei Sokrates schieres Entsetzen ausgelöst, soweit man etwas von Sokrates weiß. Bei Diogenes erst recht. Aber im 20. Jahrhundert ist das völlig anders.

Weil wir also durch Preise bestimmte Elemente nicht korrekt abbilden können, sollten wir daneben nichtpretiale Gestaltungsparameter des Entscheiders nutzen. Ein nichtpretialer Entscheidungsparameter ist im Personenverkehr die Geschwindigkeit. Die ersten 20 Pfennig Preissteigerungen können mehr oder weniger locker weggesteckt werden, aber Geschwindigkeit ist ein Parameter, der relativ strikt greift. Die Zeit ist mit 24 Stunden am Tag limitiert, und die Verkehrszeit ist mit rund einer Stunde pro Tag ein ziemlich festelastischer Widerstand, der sich bei Verkehrszeiten aufbaut, die im Durchschnitt deutlich darüber hinausgehen würden. Dieser Durchschnittswert darf nicht verdecken, daß hier eine breite Streuung über das gesamte Publikum existiert. Diesen zentralen Gestaltungsparameter kriegen wir ordnungspolitisch und technologisch sehr einfach in den Griff, indem wir nur die Übersetzung der einzelnen Fahrzeuge technisch entsprechend verändern. Dann kann ein Fahrzeug nicht schneller als 80 km/h fahren. Das Ganze ist ohnehin etwas absurd, wenn wir 100 Jahre zurückdenken. Die Lebenserwartung hat sich verdoppelt. Die Arbeitszeit pro Woche hat sich halbiert. Die Geschwindigkeit ist etwa um den Faktor 2 bis 3 gestiegen. Aber wir sind so gehetzt, wie die Menschheit noch nie zuvor. Irgendwann muß bei der Organisation des Ganzen ein Denkfehler passiert sein. Geschwindigkeit zu reduzieren, ein insgesamt gemächlicheres Leben zu führen, heißt nicht, daß man dabei weniger an Vernunft und Lebensqualität produziert, sondern daß man sich mehr Zeit dazu nimmt, das vernünftig vorauszudenken, was man tun will und soll. Dann hat man mit weniger Aufwand auch mehr Erfolg. Es ist auch Unfug zu glauben, daß der Freizeitverkehr deswegen leichter zur Disposition stünde als der Wirtschaftsverkehr, weil mit ihm kein ökonomisch primärer Zweck verfolgt wird. Der ökonomisch primäre Zweck der Wirtschaft ist doch nur der, der Bevölkerung zu dienen. Dies wird von den Ökonomen völlig verkannt. Hierarchisch, von der Dignität her, steht sogar der Freizeitverkehr höher, auch wenn nicht so besonders hoch. Ein zweites nichtpretiales Entscheidungskriterium ergibt sich daraus, daß das Autofahren neben dem Fußball ein atavistisches Männlichkeitsparadigma darstellen dürfte. Zwei Drittel des Treibstoffverbrauchs eines Autos gehen nicht auf die Mobilitätsfunktion des Fahrzeugs zurück, sondern auf die Ausstattung mit irgendwelchen darüber hinausreichenden „essentials" oder „features". Das nervöse Demonstrationsgehabe mit Autotelefonen oder mit elektrischen Fensterhebern ist für mich immer ein gutes Beispiel.

MODERATOR:

Im Ruhrgebiet sollen mindestens drei Firmen davon leben, Attrappen von Autotelefonen herzustellen. Aber ich muß jetzt ein bißchen provozieren. Das DIW hat kürzlich Untersuchungsergebnisse veröffentlicht, die letztlich das bestätigen, was schon in den 50er Jahren bekannt war. Damals erbrachten Untersuchungen von Wunnicke und Scheele einen Anteil der über alle Stufen kumulierten Transportkosten an den Endverbrauchspreisen entsprechender Gütergruppen von maximal 10%. Die DIW-Untersuchung erbrachte nun sogar Anteile der Transportkosten im Güterfernverkehr an den Endverbrauchspreisen der verschiedenen Gütergruppen von nur noch 2 bis 3%. Der Maximalwert lag bei etwa 6% für eine Gütergruppe im Nahrungsmittelbereich. Mit anderen Worten: Wenn wir Preispolitik mit Hilfe der Mineralölsteuer praktizieren und also alles auf die Treibstoffe packen, müssen wir, um eine Verdopplung dieses Anteils zu erreichen, bei einem Anteil der Treibstoffkosten an den Lkw-Betriebskosten von ungefähr einem Viertel eine Verfünffachung der Kraftstoffpreise realisieren. Dann aber haben wir - ich provoziere jetzt etwas - angesichts der inneren Verhältnisse in unseren östlichen Nachbarländern rasch eine kriminelle Situation, die stark an die Prohibition in Chicago in den 30er Jahren erinnert. Mit anderen Worten: Selbst wenn wir noch den Nahverkehr hineinrechnen, dabei auf 10% kommen und auch noch die externen Kosten berücksichtigen und vielleicht auf 15% Kosten kommen, ist dies noch immer eine Größenordnung, die sich innerbetrieblich wegrationalisieren läßt. Also, ist die Preispolitik eine stumpfe Waffe?

CONTRA:

Mit Preispolitik wollen wir etwas verändern, und dies setzt ein Menschenbild als Zielrahmen voraus. Ich persönlich habe ein sehr pluralistisches Menschenbild, verstehe das Individuum als den Entscheider über die Güterstruktur und sehe natürlich in einer Wettbewerbswirtschaft die einzige Entsprechung dieser liberalen Vorstellung. Unter Wettbewerbsdruck wird es dann immer wieder Verbesserungen geben, um diesen Kostendruck, der von unten käme, abzufangen. Diesen Kostendruck können wir aber gar nicht hoch genug bauen, selbst wenn wir es wollten, weil wir sehr früh an zentralen Stellen unserer Gesellschaft, vorsichtig formuliert, zivile Unruhe bekämen. Wenn wir heute Treibstoffpreise drastisch erhöhen und möchten, daß dies ökologisch wirkt, muß eine ganze Schicht, nämlich die sog. Geringverdiener (oder Nicht-Besserverdiener), erst mal ihr Auto verkaufen. Dann wirkt es. Aber wenn ich denen einen Sozialbonus gebe, damit auch sie noch Auto fahren können, bleibt meine Ökologie wieder außen vor. Das ist die marktwirtschaftliche Lösung, und deshalb kann ich der Preispolitik nur in den Arm fallen. Einige Sachen lassen sich schon machen: So kennt keiner den richtigen Preis, und keiner kennt die Absorptionsfähigkeit der Erde bei CO_2, denn der anthropogene Anteil ist ja nicht mal der größte, und keiner weiß, wieviel im Ozean verschwindet etc. Das bedeutet nicht, daß wir nicht bei CO_2 aufpassen müssen, nur kann keiner die Größe beziffern, ab der es kritisch wird. Mit ökologischen Preissetzungen habe ich deshalb meine ganz, ganz großen Probleme, obwohl ich glaube, daß wir etwas tun müssen. Aber diejenigen Leute, die sagen: „Drei Mark fünfundzwanzig ist der richtige ökologische Preis", verletzen eigentlich die wissenschaftliche Ehrlichkeit, und dies führt wieder zum Menschenbild. Denn der Mensch hat seine Präferenzen, und die darf er - nach meinem pluralistischen Verständnis - schon am Markt äußern. Eine völlig andere Frage ist natürlich, daß sich viele zusätzliche Kostenelemente einrechnen lassen: Warum fangen eigentlich Lebensversicherungen und Krankenversicherungen nicht an, sämtliche Risiken, die mit dem Auto zusammenhängen, aus ihren Verträgen zu eliminieren? Dann müßte sich jeder mit der Pkw-Versicherung eine Pkw-Unfallversicherung und eine Pkw-Lebensversicherung anschaffen, denn die werden ja heute auch abgegolten, wenn Sie an den Baum fahren. Warum versichert man nicht die Personen anstelle des Autos, wie es ja in Amerika üblich ist? Dies verringert die Flexibilität und trifft die Ursachen sehr viel besser. Wir könnten eine Reihe trivialer Dinge bewerkstelligen, die letztlich allokationswirksam werden, weil sie die Konsumentscheidung vor Ort sehr viel unmittelbarer betreffen würden. Das wäre schon einmal ein guter Anfang. Natürlich könnten wir noch viele betriebliche Kosten verlagern, aber diese sozialen Kosten entspringen letztlich unseren Präferenzen. Und da lehrt die ökonomische Theorie, daß immer, wenn Transaktionskosten zu hoch werden, sich der Mensch Institutionen gibt, um diese Transaktionskosten abzuarbeiten. Was also wären die richtigeren Institutionen? Aber vielleicht sind die Transaktionskosten zum Teil gar nicht so hoch, so daß ich dazu nicht so viele Institutionen brauche. Ich möchte aber keinesfalls den Zentralverwaltungswirtschaftsstaat, der dann den Leuten sagt: „Ihr dürft noch genau soviel fahren, weil ich ausgerechnet habe, daß in drei Jahren bei uns die Erdatmosphäre kippt".

PRO:

Es sind ja einige Zahlen im Umlauf über angemessene Kraftstoffpreise, wobei jede Studie sagt, daß sie nur Teile eingerechnet hat. Deswegen kann man den Autoren keine Unwissenschaftlichkeit vorhalten. Die derzeit übliche Größenordnung liegt etwa bei 5 Mark. Vor fünf Jahren bei der Klima-Enquete-Kommission hieß es: Preise spielen überhaupt keine Rolle. Damals habe ich gesagt, ernsthafte Preiserhöhungen werden entsprechende Wirkung zeigen, und habe dies nicht zur Nachahmung empfohlen, sondern als Denkübung. Inzwischen ist es Stand der Technik. Prognos, DIW und der Sachverständigenrat für Umweltfragen argumentieren auf diesem Niveau. Deshalb ist es keine stumpfe Waffe, weil es eben differenziert auf differenzierte Vorgänge wirkt. Die Preiselastizität bei der privaten Nachfrage ist natürlich äußerst unterschiedlich, ob es sich nun um Arbeitswege oder um Freizeitwege handelt. Hierzu gibt es Untersuchungen, die das auch in Zahlen hinter dem Komma exakt belegen. Beim Güterverkehr ist es im Prinzip dasselbe. Ein Kollege aus der Schweiz hat ausgerechnet, daß für ein Kilo Trauben aus Kalifornien drei bis vier Liter Kerosin (also eine Gallone) verbrannt werden. Wenn Sie eine kalifornische Traube kaufen, ist es effektiv ein Fünf-Liter-Aquarium voller Kerosin, in dem eine Traube liegt. Wenn man diesen Treibstoff mit 5 Mark/Liter belastet, wäre das Kilo Trauben 20 Mark teurer. Das wäre dann eine durchaus erhebliche Veränderung. Unterschiedliche Branchen werden darauf unterschiedlich reagieren. Mikroprozessoren, mit denen wir den deutschen Markt für ein Jahr decken können, werden auf die Erhöhung der Treibstoffkosten im Lkw-Verkehr kaum reagieren. Aber dort besteht ja auch nicht die Notwendigkeit. Notwendig ist es, die großen Massen zu reduzieren, wie z.B. Erdreich. In der Schweiz ist es üblich, an den Kiesgruben einen Bahnanschluß einzurichten. Bis die Grube erschöpft ist, also nach 20 bis 30

Jahren, hat sich der Bahnanschluß längst amortisiert. In Deutschland ist man technisch irgendwie nicht kompetent genug, um so etwas kostengünstig zu machen. Das hängt auch mit Vorschriften zusammen.

CONTRA:

Nur ganz kurz einen Punkt dazu. Ich bin ja auch sehr für das Internalisieren. Nur weiß ich eben nicht, was alles dazugehört, weil ich hierbei einfach zu unvollkommen bin. Aber vielleicht können das andere besser. Wenn Sie internalisieren, müßten Sie z.B. auch - wie vorhin gesagt - die Agglomerationskosten internalisieren. Dann würden sich viele Probleme stark ändern. Denn nichts ist so schlimm wie Konzentration. Man muß sich einmal vorstellen, wir erhöhten den Treibstoffpreis auf 5 DM/Liter und alle Münchner, die dann nicht mehr mit dem Auto in die Freizeit starten, fahren mit der Bahn. Dies hat ganz entscheidende Standortfolgen.

PRO:

Das ist schlichter Unfug, denn es gibt inzwischen Studien von Newman und Kenworthy, die zeigen, wieviel bei geringer Agglomeration und wieviel bei wachsender Agglomeration an Treibstoff verbraucht wird. In Hongkong haben wir Bevölkerungsdichten bis zu 200.000 Menschen/km^2. Dort haben wir dann auch den niedrigsten Verbrauch und die niedrigsten Transaktions- und Verkehrskosten.

CONTRA:

Die kommen ja auch nicht raus. Aus Westberlin konnte man damals auch nicht raus.

PRO:

Aber wir hier haben doch sehr viel höhere Dispersionskosten als Agglomerationskosten. Deshalb ist es doch Unsinn, mit Agglomerationskosten zu operieren. Unsere erheblichen Kosten sind doch durch die Dispersion unserer Siedlungsstruktur bedingt und nicht durch die Agglomeration.

MODERATOR:

Sind wir nicht in der Situation eines Wettlaufes zwischen Preiserhöhungen und Ökosteuern auf der einen Seite, zwischen technischem Fortschritt, der auf der anderen Seite wiederum zu sinkenden Transportkosten führt, und zwischen Bemühungen innerbetrieblicher Rationalisierung, erhöhte Transportkosten nicht hinzunehmen? Gleichzeitig können wir beobachten, daß sparsamere Autos zu einer höheren Fahrleistung führen. Man sagt, die USA seien eine „cheap energy educated society", d.h. eine Gesellschaft, die mit niedrigen Energiepreisen großgeworden ist. Sind wir nicht letztlich eine Gesellschaft oder Raumstruktur, die auf der Basis niedriger Transportkosten entstanden ist? Dies führt zur Veränderbarkeit der Siedlungsstruktur mit ihrem überragenden Stellenwert für die Akademie. Müssen wir unsere Strukturen, die wir heute haben, stützen, oder können wir unsere Strukturen umbauen? Und zwar unsere verkehrsfördernden Raumstrukturen, um Verkehrsströme zu optimieren?

CONTRA:

Was sind denn überhaupt „optimale Verkehrsströme"? Wir haben ja ein dynamisches Umfeld, das sich ständig ändert. Da wird es kurzfristig irgendein Optimum geben, aber wir wissen über diese Optimalität sehr wenig, weil neben dieser Norm, die fehlt, natürlich die Einzelpräferenz meiner Individuen zu berücksichtigen ist. Ich kann nicht sagen, ihr müßt euch künftig so verhalten, damit dann dieses Optimum auch planbar ist. Noch eine Stufe höher aufgehängt: Ich glaube, das größte Problem der Verkehrspolitik, vielleicht auch der Wirtschaftspolitik schlechthin, ist, daß Wirtschaftspolitik immer wie ein dynamisches Programm angesehen wird, wie das Lenken einer Rakete. Wenn die nicht richtig fliegt, wird nachgesteuert. Wenn man das einmal individualbezogen sieht, ist das eigentlich ein Spiel. Wir kennen doch diese makabren Effekte in Amerika, nachdem man denjenigen, die mit mehreren Personen im Wagen Auto fahren, morgens und abends die Benutzung der bevorzugten Busspuren erlaubt hat. Was haben die Leute gemacht? Sie haben sich Schaufensterpuppen gekauft und ins Auto gesetzt. Das ist keine Karikatur, ich habe in Washington gelebt. Unser größtes Problem ist, daß wir uns mit solchen Politiken Effizienzfallen bauen und diese Effizienzfallen dann möglicherweise Konsequenzen haben, die dramatisch schlimmer sind als die Ausgangssituation. Das sind unsere ersten Politikschwierigkeiten. Der zweite Punkt kommt dann, wenn ich eine Politik formuliert habe und die Strukturänderung anfängt zu greifen. Dann greift natürlich auch eine Siedlungsstruktur, die - wie die Ökonomen sagen - ungeheure versunkene Kosten hat. Diesen Effekt konnte man sehr schön beim Nachlassen der Wirtschaftsaktivität in Norddeutschland beobachten. Dort waren die Leute dann nicht mehr in der Lage, ihre Häuser zu verkaufen, denn sie hätten diese versunkenen Kosten realisieren müssen. Deshalb pendeln sie z.B. nach Stuttgart zum Arbeitgeber und zurück. Wir müssen also auf eine gewaltige Persistenz in unserer Siedlungsstruktur Rücksicht nehmen, die wir ökonomisch gar nicht so schnell in den Griff kriegen könnten. Deshalb habe ich grundsätzliche Schwierigkeiten mit dem Umbau der Raumstruktur. Wir müssen den Menschen klarmachen, daß es eine begrenzte Ressource gibt und ich sie dann anders verwalten muß. Deshalb komme ich immer wieder auf die Lizenz zurück. Es gibt kein unendliches Kieswerk, und derjenige, der Kies baggert, muß eines Tages damit rechnen, daß es damit vorbei ist. Es gibt auch nicht unendlich viele Arbeitnehmer. Ein Arbeitgeber, der sich irgendwo ansiedelt, muß damit rechnen, daß, wenn er zu viele haben will und es gibt nicht genug, der Lohnsatz steigen muß. Und es gibt auch nicht genug unendlich viel saubere Luft. Mein Vorschlag ist immer, daß man wirklich anfängt, die CO_2-Emissionen zu kontingentieren. Ich könnte das sehr human gestalten, weil ich sage: „Ich habe eine Bürgerlizenz, die verhindert, daß es zu schnell soziale und räumliche Verwerfungen in dem betreffenden Nahbereich gibt". Dann entsteht auch eine gewisse Rationalität im individuellen Planungsprozeß. Aber das sind dann sozusagen Jahrhundertprozesse und ist keine Sache von Jahrzehnten.

PRO:

Auch hier liegen wir sehr nahe beisammen. Nur ist oft der nächste Schritt, daß diese Fahrspuren für höherbesetzte Fahrzeuge zusätzlich angelegt werden. Das ist die eigentliche Effizienzfalle. Genau dasselbe erleben wir hier beim Ausbau des öffentlichen

Verkehrs. Wenn wir sagen, der Ausbau des herkömmlichen Straßenverkehrs für den Individualverkehr wird nicht gestoppt, sondern zusätzlich durch ein tolles Angebot im öffentlichen Verkehr ergänzt, haben wir natürlich einen doppelten Anreiz zu Mehrverkehr. Wegen der Trägheit der Siedlungsstruktur würde ich umgekehrt argumentieren, daß wir bei den Fixierungen, die wir dort anstreben, besonders vorsichtig sind. Gerade die Plattenhochhaussiedlungen mit Ghettocharakter in den Vorstädten ostdeutscher Großstädte repräsentieren im Prinzip das absurde Modell der autoverträglichen Stadt. Genau dort gab es auch die Unruhen. Hoyerswerda ist keine wirkliche Stadt, sondern eine Degenerationsform von Siedlungsstruktur, die sehr stark autoorientiert ist. Was eine Stadt ist, haben wir in den letzten 5000 bis 6000 Jahren gelernt, und unsere Leute fahren noch immer nach Salzburg oder nach Venedig, um sich anzuschauen, was eine Stadt ist. Städte müssen wirklich wieder Städte werden, dann bringen wir dort viel mehr Leute unter. Mannheim ist ein hervorragendes Beispiel. Es ist eine fürchterliche Steinstadt, aber würden wir aus Mannheim die Hälfte der Autos verbannen, hätten wir doch einige Flächen, die sich auch zur Begrünung eignen könnten. Die Zersiedlungsstrukturen haben uns ziemlich blind gemacht. Der Mechanismus ist einfach: Zuerst wird dort gebaut, wo die Grundstücke am billigsten sind. An den schlecht nutzbaren Eckgrundstücken der hochbelasteten Kreuzungen entsteht der soziale Wohnungsbau (zumindest in Graz zu besichtigen). Dann sagt man unter raumordnerischen Gesichtspunkten: gleicher Zugang zu den Wohltaten unseres spätindustrialisierten Zeitalters - von der Minigolfanlage bis zur schnellen Verkehrsanbindung, aber wir belasten die Leute nicht mit den Kosten; die Vorteile der billigen Grundstücke also privat für die Leute und die sozialen Kosten der schlechten, weil teuren Erschließbarkeit für die Allgemeinheit. Erst aus diesem verzerrten Kostenregime heraus und von allen Seiten mit besten Wünschen ausgestattet, ist diese Wanderung in an sich schlecht geeignete sporadisch besiedelte Randräume der eigentlichen Siedlungsschwerpunkte zu verstehen, und diese ökonomische Schieflage müssen wir korrigieren. Es ist also nicht allein der Benzinpreis, sondern der Bodenmarkt; der ganze Siedlungsmarkt ist preislich völlig absurd gesteuert, aus nachvollziehbaren ökonomischen und einfach faktischen, historischen, politischen Gründen mit Einheitswerten von anno dazumal. Das reicht bis zum örtlichen Bauunternehmer im Gemeinderat fast jeder kleinen Landgemeinde. Nur zwei absurde Baustrukturen kriegen wir ökonomisch in den Griff: einmal den Großsiedlungsbau, eventuell unter verbotenem Einsatz für nicht vorgesehene Arbeitskräfte, und dann den Kleinsiedlungsbau, der nur ökonomisch klappt, weil die sog. Nachbarschaftshilfe funktioniert, die erhebliche nichtlegale Formen einschließt. Die sozial vernünftigen Formen, die uns die oberitalienischen Städte seit Jahrhunderten zeigen, fallen bei uns ökonomisch hinterrunter. Da muß die Ökonomie falsch sein und nicht das Modell der oberitalienischen Stadt.

CONTRA:

Sie meinen: wie die Politik die Ökonomie handhabt. Darum habe ich ja vorhin die Agglomeration angesprochen. Was wir da haben, ist ja letztlich wieder eine Subventionierung einer bestimmten, sozial begründeten Agglomeration.

Wir hatten gestern eine Diskussion über die Nähe. Wenn ich den Launhardtschen Teller wieder zum Launhardtschen Trichter mache, monopolisiere ich den Nahbereich.

In diesem wunderschönen Beispiel der Bremer Siedlung, in der die Leute kein Auto haben, kann der Händler natürlich Preise verlangen, die ein ganzes Stück höher sind. Da geht ja keiner raus. Die einzige Möglichkeit, den monopolistischen Bereich dieses Händlers zu sprengen, ist dann letztlich das Auto oder die Straßenbahn. Deshalb bewegen wir uns dort immer im Bereich unvollständiger Lösungen.

MODERATOR:

Wir haben noch eine Viertelstunde Zeit. Das Ergebnis der bisherigen Diskussion war absehbar, nämlich daß Preispolitik gerade im Verkehrsbereich ganz enorme Schwierigkeiten haben wird, um - im machbaren Bereich - das Verkehrswachstum nachhaltig in den Griff zu bekommen. Wir sollten dies im Zusammenhang mit dem bekannten Interventionszyklus sehen: zuerst kam die Regulierung, weil damals die Eisenbahn allen anderen Verkehrsmitteln konkurrenzlos überlegen war. Wie wir alle wissen, hat diese Regulierung schließlich zur Überregulierung und Bürokratisierung geführt. Daraus ergab sich wiederum die Deregulierung als Befreiungsschlag. Deshalb jetzt die provokatorische Frage, denn ich weiß, daß beispielsweise in internationalen Wirtschaftsgremien und in der amerikanischen Luftverkehrspolitik schon intensiv darüber nachgedacht wird: Wird die begrenzte Schärfe durchsetzbarer Preispolitik nicht zu einer Reregulierung führen müssen? Aber, und jetzt bitte ich ganz nachdrücklich zuzuhören: zu einer Reregulierung, die völlig anders aussehen muß als die Regulierung, die wir kennen. Hier sehe ich die Chancen für die Akademie und für die Raumordnung, sich schon jetzt darauf vorzubereiten, wie ihre Forderungen dann in allen gesellschaftlichen Bereichen lauten müßten, um einem solchen umfassenden Vorhaben gerecht zu werden. Vielleicht sollten wir die letzten zehn Minuten dazu benutzen, um die Forderungen der Debattenredner aus ihren Positionen heraus zu skizzieren.

CONTRA:

Es fiele gewiß leichter, wenn man genau wüßte, was jeder einzelne am Verkehr, sowohl als Betroffener als auch als Nutzer, als wirklich schädlich empfindet. Sicher gibt es einige Bereiche, über die wir uns völlig klar sind, wie z.B. bei Emissionen. Einen ganzen Teil davon werden wir mit technischem Fortschritt in den Griff kriegen. Aber dann bleibt der Rest. Und die Frage ist, ob wir damit leben können. Ein thüringisches Unternehmen wird demnächst Elektroautos auf den Markt bringen. Mal sehen, wie der Bundesfinanzminister mit seiner Besteuerung reagiert, denn er hat ja noch keine Lösung dafür. Was machen wir denn, wenn wir tatsächlich eine Technologie bekämen, die diese Nachteile in den Griff bekommt? Das ist global CO_2, und das sind lokal die Stickoxyde, Blei, die ganzen kanzerogenen Stoffe. Ich bin da einfach fortschrittsgläubig und sage: Das ist eine Sache, die wir über den Ordnungsrahmen, also nicht durch prozeßpolitische Maßnahmen, in den Griff bekommen. Leider wird ja in der Verkehrswirtschaft so oft Ordnungspolitik mit Prozeßpolitik verwechselt. Sind wir dann als mobile Gesellschaft bereit, damit zu leben? Ich würde das bejahen, weil es ein Ausdruck unserer Individualgesellschaft ist. Dann fahren die Autos und die Züge, aber sie fahren mit anderen Methoden. Da sollten wir sehr viel Grips investieren. Deshalb lautete meine erste Anforderung: Änderungen im Ordnungsrahmen, die dazu angetan sind, technischen Fortschritt zu induzieren. Das sind in der Regel nicht Anweisungen wie:

„Du mußt einen Katalysator einbauen", sondern ich lande dann wieder bei meiner Lizenzlösung. Diese Lizenzlösung wäre ein Ordnungsrahmen, weil er Knappheit schafft, wo Knappheit herrscht. Nicht das Auto ist der Buhmann, sondern die Art und Weise, was wir mit dem Auto machen und wie es technisch ausgestattet ist. Vor 30 oder 50 Jahren haben wir es nicht so gesehen, weil es damals nicht massenhaft existierte. Deshalb brauchen wir jetzt einen neuen institutionellen Rahmen. Da sollte man nicht zu sehr mit prozeßpolitischen Eingriffen spielen. Man muß sich immer klar vor Augen führen, daß, setzt man in der Siedlungsstruktur etwas durch und die Sache läuft anders, denn der Staat kann irrtumsbehaftet sein, dies dann immens viel Geld kosten kann. Wir haben doch vorhin gehört, daß gerade die Siedlungsstrukturen, die wir per "Ordre de Mufti" aufgrund kollektiver Schlauheit sowohl in Westdeutschland als auch in Ostdeutschland und in der ganzen Welt gebaut haben, unsere problematischsten sind. Und die wurden durch planerische Hoheit und die Willkür der intelligenten Leute verordnet. Sie haben sich nicht aus dem Marktsystem ergeben. Deshalb brauche ich Flexibilität, Offenheit und einen Rahmen. Was uns als Kontrahenten sozusagen verbindet, ist, letztlich wirkliche Knappheit herzustellen, besonders dort, wo ich Knappheit nicht pretial, also nicht in Geldeinheiten ausdrücken kann. Knappheit in Geld auszudrücken, ist im Verkehr ganz schnell am Ende. Dann bin ich lieber nur bei 1,80 Mark oder 2 Mark pro Liter Benzin und habe sozusagen am Rahmen etwas gedreht, aber dies über eine Lizenzlösung oder auch über wirkliches elektronisches road pricing in den Zentren, also durch einen Mechanismus, der nicht in die fiskalische Falle führt. Es wäre schade, wenn sich nur der Herr Finanzminister freut, aber sich an der Struktur nichts ändert. Ich möchte nur vor einer Sache warnen: Ein Großteil der Instrumente, die wir alle andenken, ist mit dem offenen Menschenbild nicht vereinbar. Dazu gehört für meine Begriffe auch elektronisches road pricing. Wenn Sie elektronisches road pricing wirklich effizient gestalten, könnte man den Güterverkehr einigermaßen planerisch in den Griff kriegen, aber man schafft dies nicht für den motorisierten Individualverkehr. Wenn Sie das planbar gestalten oder ich sozusagen mit dem Computer interaktiv meine Route von Gera nach München einplane und mir mein Slot mitgeteilt wird, ist das der transparente Bürger. Ich fände es ausgesprochen spannend, wenn die großen deutschen Elektronikfirmen ihre ganzen Strecken elektronischer Gebührenerfassung errichtet hätten (sie könnten über das D1- oder D2-Netz koordiniert werden, weil das zur Zeit die billigste Lösung ist) und dann das Verfassungsgericht käme und sagte: „Auf Grund des Volkszählungsurteils darf die ganze Sache so nicht funktionieren".

PRO:

Auch hier wiederum erhebliche Zustimmung: wir brauchen einen Dreiklang. Wir brauchen (1) die Preiselemente, (2) die ordnungspolitischen Elemente, und wir brauchen (3) Aufklärung. Wir müssen uns selbst aufgeklärt verhalten, uns aufklären lassen, und wir müssen bereit sein, andere aufzuklären und selber etwas dazuzulernen. Wenn alle drei Punkte zusammenkommen, ist es natürlich vorteilhaft, eine Sache durch eine Vorschrift zu stützen. Was die konkreten Formen des ordnungspolitischen Aspekts betrifft, so habe ich selbst immer wieder mit Lizenzlösungen sympathisiert. Ich habe nichts dagegen und sage deshalb: Es gibt verschiedene Möglichkeiten, und man muß es technisch abwägen. Die Alternative, nach Schadstoffemissionskriterien den spezifischen zeitbezogenen Emissionswert für CO_2 zu limitieren, sollte man mit gleichem Recht erst einmal diskutieren. Natürlich ist eine klare Plafondierung des Gesamtausstoßes mit Lizenzen das definitivere Verhalten. Das andere aber läßt sich leichter vermitteln. Was die Aufklärung betrifft, stimme ich voll Herrn Holzapfel zu: Laßt uns darüber nachdenken, ob es uns so gut geht, ob wir uns wohlfühlen mit diesen selbsterzeugten Sachzwängen oder ob wir uns da nicht etwas anderes einfallen lassen können. Wir müssen auch zusehen, daß wir uns nicht durch Partikularinteressen vertreten lassen, nach dem Motto: wir vertreten 8 Mio. Autofahrer und deshalb freie Fahrt für freie Bürger. Denn die Autofahrer sind eine Minderheit in Deutschland, und Fußgänger bilden die eindeutige Mehrheit. Die Spezies Mensch ist 20.000 Jahre mit dem aufrechten Gang weitergekommen; ob sie es weitere 100 Jahre mit dem Auto schafft, ist noch unsicher.

Die Kritik am elektronischen road pricing teile ich voll. Preisgestaltung und die sonstige Erhöhung der Raumwiderstände, Abschreckung vom Verkehr, weil es unbequem ist, weil es teuer ist, weil es langsam geht und je nach Verkehrsmittel unterschiedlich: das wäre der sehr viel deutlichere innovationsorientierte Impuls, die nichtmaterielle Transmission zu unterstützen, die dann auch sinnvoll wird. Wenn wir alle Verkehrsarten fördern und dann auch noch Telekommunikation um den Faktor 1000 erhöhen, so kann das vernünftig sein, wenn wir durch diesen Rahmen die materiellen Transportvorgänge reduzieren könnten, also nicht mehr Maschinen nach Übersee schicken müssen, wenn es reicht, Blaupausen hinzuschicken, und diese auf den elektronischen Highway passen.

CONTRA:

Und wo bleiben dann die Beschäftigten?

PRO:

Das ist eine völlig absurde Geschichte. Arbeit gibt es genug, höchstens gibt es nicht genug Einkommen. Aber derzeit gibt es auch in Deutschland viel zu viel Einkommen. Wenn zwei Drittel der Menschheit interessiert sind, unsere Sozialhilfesätze hier zu erhalten, muß mit unserem Einkommensniveau etwas nicht stimmen, global betrachtet. Arbeit aber gibt es immer genug. Unsere Zwangsvorstellung, statt 1000 Stunden im Jahr möglichst 1500 Stunden irgend etwas Stumpfsinniges anzustellen, sollten wir vor dem Hintergrund von Sokrates, Platon, Diogenes, Aristoteles und Seneca doch einmal neu gewichten. Sie können aber auch auf die deutschen Realisten, wie Kant und Hegel, zurückgehen. Das Ergebnis wäre dasselbe.

CONTRA:

Kant und Hegel haben wir aber auch Schlimmes zu verdanken.

MODERATOR:

Also auch hier zurück zu den Quellen. Wir haben noch zwei Minuten Zeit, und ich darf angesichts dieser einstündigen Tendenz zur Harmonie hoffen, daß wenigstens in der Stellungnahme der Privatleute Blum und Schallaböck mehr Polarisierung zum Ausdruck kommt.

Prof. Blum:

Ich freue mich über eine Sache, die Sie verketzern: Das ist Geschwindigkeit. Und zwar nicht im Auto, sondern im Zug. Ich sage immer: Wir haben heute wahrscheinlich eher einen Mangel an Qualifizierten, also im oberen Bereich, nicht im unteren Bereich des Arbeitssegments. Und die Hetze ist natürlich letztlich eine Frage der Knappheit von Zeit. Man kann aber auch sagen: Die sollen etwas kontemplativer leben, aber wie soll ich Kumpel Anton klarmachen, weshalb er jetzt entlassen wird, weil ein anderer kontemplativ lebt. Geschwindigkeit ist eine Tendenz einer hocheffizienten Zivilisation, und die sollte ich durchaus unterstützen. Ich habe kein Verständnis für die Scheinargumente zur Autobahngeschwindigkeit. Das sind 8% der Strecken, und nur eine Minderheit von Autos fährt überhaupt so schnell. Auch könnte ich das wiederum über ordnungspolitische Rahmensetzungen in den Griff kriegen. Nein, für mich persönlich besteht das Traurige dieser Einstellung darin, daß die Verkehrsträger, die diese Harmonie bringen könnten, wie der Hochgeschwindigkeitsverkehr, zunehmend in die Kritik der Naturschützer geraten. Denn das sind Alternativen zum Nah- und Mittelstreckenverkehr mit Flugzeugen, der ja ökologisch ausgesprochen schädlich ist. Mein persönlicher modal split lautet: 15% Flugzeug, 30% Auto und 55% mit dem Zug. Deshalb wäre ich heilfroh, der Zug würde doppelt so schnell fahren.

Dr. Schallaböck:

Auch hier wieder tendenzielle Zustimmung, aber mit dem philosophischen Element der griechischen Tugend des Maßes. Hochgeschwindigkeit ist für mich mit 200 km/h auch auf der Schiene hinreichend erreicht. Versuchen Sie doch mal so schnell zu laufen, sie werden Schwierigkeiten haben. Das ist ein ordentliches Tempo. Und wenn Sie von hier aus einen Radius von 200 km schlagen, ist in Ihrem Stundenabstand einiges drin. So viel schneller brauchen wir eigentlich nicht zu sein, jedenfalls nicht in aller Regel.

Nun etwas Persönliches: meine beiden Kinder sind 19 und 12. Und meine einzigen Probleme mit ihnen bestehen darin, ihnen verständlich zu machen, wie es denn weitergehen soll, sie in ihren "Kämpfchen" in ihren peer groups zu stabilisieren, in denen zunehmend zynische Weltsicht herrscht. Wenn ein 12jähriger etwas infantil ist, ist das kein Problem. Aber wenn auch noch bei 30jährigen die infantile Versorgungsmentalität herrscht: ich will alles, und zwar sofort und möglichst ohne viel dafür zu tun und irgendwie mit Hilfe der Politik und notfalls durch die Wissenschaft, und dann wenigstens die Technik, die neue Technik, die absolut neue Technik, die wird es dann bringen - das halte ich für ein wirkliches Problem. Jugendliche Kinder zu motivieren, sich um eine konstruktive Lösung zu bemühen, wird zunehmend schwieriger. Denn ich kann ihnen keine Lösung präsentieren, sondern nur ihre Probleme teilen, voller Verständnis, Mitgefühl und Leidenschaft im Sinne der amerikanischen Bedeutung des Wortes „compassion". Deshalb müssen wir vor allem versuchen, verständlich und glaubwürdig zu werden, sonst haben wir da keine Chance, auch in 20 Jahren nicht.

G. Wolfgang Heinze und Hans Pohle

Zusammenfassung der Diskussionen

Zu Beginn der allgemeinen Plenumsdiskussion führte der Diskussionsleiter G. W. Heinze mit einem ausführlichen Statement in die Thematik ein. Die Ergebnisse der vorangegangenen Diskurse aufnehmend, betonte er, daß Visionen und innovative Ansätze zur Lösung der anstehenden Probleme bislang in der Tagung zu kurz gekommen seien. Er hoffe, daß es der Akademie in dieser Plenumsdiskussion gelänge, diese kreative, vorausschauende Perspektive für Gestaltungschancen räumlicher Art stärker zu nutzen.

Einen weiteren Schwerpunkt der Diskussionen sollten die Fragenkreise bilden, die Wege zur Strukturanpassung im Verkehrsgeschehen aufzeigten. Solche Aspekte zielten auf die systemtheoretische Frage, wie dynamische Systeme auf Störungen reagieren. Dabei seien drei Typen von Störungen zu unterscheiden:

(1) Handele es sich um eine kurze, strukturell begrenzte Störung, antworte das System mit einfacher Anpassung, wie z.B. durch erhöhten Stoffwechsel, nach dem Motto: Weiter so wie bisher, nur mit noch höherem Einsatz und durch! Überstunden bildeten ein gutes Beispiel für derartige schnelle, wirkungsvolle Lösungen von einmaligen Störungen.

(2) Wiederhole sich aber eine bekannte Störung, reagiere das System durch die Anpassung vorhandener Elemente auf diesem Störungstyp, indem es zusätzliche Subsysteme schaffe oder weiter spezialisiere. Diese Reaktion werde sekundäre Regulation genannt. Als klassisches Beispiel gelte das indische Kastensystem, das auf jede Bedrohung von außen oder innen mit der Schaffung einer neuen zusätzlichen Kaste für die Newcomer antworte und die Störer damit integriere, ohne die Gesellschaft grundsätzlich umbauen zu müssen. Beim Auto ließen sich heute als Beispiel der Magermotor oder der Elektromotor nennen oder im Berufsleben der Einsatz des PC in der traditionellen Bürolandschaft. Der Nachteil einer solchen Stabilisierung bestehe in der Konservierung der Grundstruktur, ihr Vorteil im Vermeiden aufwendiger permanenter Selbstorganisation.

(3) Auf eine lang anhaltende, neue und strukturell umfassende Störung reagiere das System schließlich durch Umorganisation des Systems als Ganzem. Eine solche sog. primäre Regulation setze allerdings flexible und lernfähige Systeme voraus. Weil fast alle Bereiche der Gesellschaft heute an grundsätzliche Grenzen stießen, solle die primäre Regulation im Vordergrund stehen und weniger Bypässe wie z.B. Lohnsenkungen in Sättigungsbereichen oder noch mehr Subventionen in Standardlinienbusse ohne Fahrgäste in der Fläche. Einen Golf mit Elektromotor zu bestücken sei eine sekundäre Regulation und unter den gegenwärtig bekannten Randbedingungen der falsche Weg. Nötig sei vielmehr, eine Leichtkarosserie um den Elektromotor und die Batterie zu bauen, ausgelegt auf den Einsatz im Nahverkehr (in dem 90% der Fahrten stattfänden

und wozu die Reichweite ausreiche), verknüpft mit dem Aufladen beim Parken aus der Steckdose am Straßenrand und integriert in eine Car-Sharing-Organisation (damit das Auto nicht 90% der Zeit herumstehe). Das Ergebnis wäre dann vermutlich eine strukturverändernde Stabilisierung dauerhafterer Art, zwar aufwendig, aber effektiv.

Ein anderes Beispiel betreffe die vielbelächelte Illusion des papierlosen Büros durch PC und Telekommunikation. Der heutige Zweifel beweise lediglich, daß hier noch keine primäre Regulation erfolgt sei. Vielmehr würden PC und Telekommunikation in eine traditionelle Büroorganisation eingefügt und zusätzlich genutzt. Wenn allerdings ein Kombibüro eingerichtet (Allraum + Einzelzimmer), Desk sharing praktiziert, ein Individualcontainer für jeden zur Verfügung gestellt, die eingehende Post gescant und elektronisch weiterverarbeitet würde und nur schriftbedürftige Vorgänge in Papierform aufgehoben würden, dies mit Electronic Mail Interchange (EDI) verknüpft und die gesamte Büroorganisation durch Flexibilisierung, Hierarchieabbau, Integration der Mitarbeiter, Home-offices und Telependeln an mehreren Wochentagen verbunden sei, dann könne der Papierverbrauch solcher Firmen - wie Beispiele im Ausland zeigen - durchaus um 80% gesenkt werden. Viele Verdichtungsräume wie z.B. Berlin hätten in diesem Fall schon jetzt ausreichend Büroflächen.

Diese Stufenfolge von Regulationsformen (die in der Realität meist miteinander verknüpft auftreten) erkläre auch den Widerspruch, daß zwar neue Angebotsformen fast immer als Möglichkeiten zur Substitution überkommener Formen gehandelt würden, aber zunächst meist die Komplementäreffekte überwögen. Deshalb schaffe die Telekommunikation heute tendenziell physischen Mehrverkehr, obwohl niemand sagen könne, wieviel unerwünschten traditionellen Verkehr man heute ohne Telekommunikation hätte. Die große Substitution trete immer erst zeitlich erheblich verzögert auf, nämlich dann, nachdem dieses neue Element das Gesamtsystem zu seinen Gunsten gründlich umgestaltet habe, d.h. durch Modifikationseffekte infolge veränderter Randbedingungen.

Deshalb sei es so wichtig zu erkennen, daß man in einem Käfig von Randbedingungen und Restriktionen lebe, die aus der Zeit der 1. Industrialisierung stammten, aber inzwischen funktionslos geworden seien. Dazu gehöre z.B. die Anwesenheitspflicht am Arbeitsplatz, das Ladenschlußgesetz oder der Linienverkehrsbetrieb mit seinen Umsteigezwängen im ÖPNV als einer damals bahnbrechenden Innovation.

Im Gegensatz dazu stünde man heute gerade auch im Verkehrsbereich Systemtrends gegenüber, die angesichts ihrer Wucht durchaus die Bezeichnung „Megatrends" verdienten. Sie seien gerichtete Prozesse, die niemand verantwortlich steuere oder steuern könne. Mit diesen Tendenzströmungen müsse man in anderer Weise klarkommen, wobei jedoch deutlich sei, daß man eine Konfrontation mit ihnen als Einzelperson, als Gruppe und auch als Akademie nicht bestehen könne. Angesichts weltweiter Systemzusammenhänge, zunehmender Vernetzung und wachsender Vielfalt könne man heute unsere räumlichen Zielvorstellungen nur in einer Art von Jiu-Jitsu-Taktik, durch Ausnutzen von Eigendynamik des Systems, realisieren. Die für den Verkehrsbereich besonders relevanten Megatrends, denen man heute gegenüberstehe, und ihre höherstufigen Lösungen sind in der folgenden Übersicht dargestellt.

Megatrends im Verkehr und ihr Unterlaufen durch höherstufige Auswege

● *Megatrend 1: Verkehrswachstum als autonomer Trend*

Auswege: Mehr Verkehr, aber weniger Fahrten. Vermeidbares Verkehrswachstum auf vorgelagerten Bereichen abfangen. Konzepte kurzer Wege fördern. Physisches Verkehrswachstum möglichst telekommunikativ abwickeln.

● *Megatrend 2: Globalisierung der Arbeitsteilung*

Auswege: Die weltweite Einbindung durch Telekommunikation fördern und zugleich fahrtenminimierende Strategien vor Ort fördern. Dezentralisierung so viel wie möglich und Zentralisierung so wenig wie nötig. Kleinteilige Wirtschaftskreisläufe. Soziale Interaktionsmechanismen auch im Verkehr (Fahrgemeinschaften, Flächenverkehre, kombinierte Personen- und Güterverkehre, Dezentralisierung, wachsende diffuse und heterogene Zielwahl, vor allem im Freizeitverkehr).

● *Megatrend 3: Wachsender Sockel struktureller Arbeitslosigkeit*

Auswege: Sich beschleunigenden Strukturwandel als ökonomische, ökologische und gesellschaftliche Herausforderung nutzen. Investitionen zur Schaffung von wettbewerbsfähigen und umweltverträglichen Arbeitsplätzen durch den fahrtenminimierenden Umbau von Verkehrssystem und Energieversorgung. Erneuerungsdruck erzeugen durch hohe Preise für den Verbrauch von Energie und Rohstoffen. Familiengerechte Neuverteilung von Arbeit durch flexible Modelle, auch mit Hilfe der Raumüberwindung (Telearbeit, Heterogenisierung des ÖPNV, z.B. durch mehr Minibusse, Förderung von Zwischen- und Alternativformen zu Markt und Staat, Abbau juristischer Restriktionen zugunsten von Selbstorganisation und Kooperationen). Referenzmodelle für die Dritte Welt entwickeln.

● *Megatrend 4: Zyklus der Stadtentwicklung (Urbanisierung - Suburbanisierung - Desurbanisierung - Reurbanisierung als großräumige Verstädterung)*

Auswege: Ausdifferenzierung und Zerfall überdehnter Siedlungsstrukturen fördern und zur fahrtenminimierenden Umorganisation nutzen (Dezentrale Konzentration als Leitbild der räumlichen Entwicklung; Dörferstadt, Binnenverkehrsviertel und Stadtdörfer). Verdichtungen überdenken, da später wieder entdichtet werden muß.

● *Megatrend 5: Entwicklung zur Kommunikationsgesellschaft*

Auswege: Veränderungen der Input-Struktur in der Produktion zur fahrtenminimierenden Entlastung des Verkehrssystems nutzen (Rückgang geringwertiger Massengüter, maßgeschneiderte Produktion, Telearbeit, Flexibilisierung der Büroarbeit). Funktionslose oder kontraproduktive Restriktionen des Industriezeitalters überwinden. Kapazitätserweiterungen unerwünschter Verkehrsarten vermeiden.

● *Megatrend 6: Weitere Individualisierung des Verkehrs*

Auswege: Fahrtenminimierende Umorganisation des physischen Verkehrs: Erneuerung des ÖPNV durch Vernetzung von MIV und ÖPNV. Dieses Zusammenwachsen eines individualisierenden ÖPNV mit einem bündelungsfähigen MIV durch die Integration von Personen- und Güterverkehr unterstützen. Innovationsdruck in Richtung Sparauto verstärken. Unerwünschte Verkehrsarten belasten. Bündelung des Güterverkehrs: GVZ, Zwangskorridore, Zwangszeiten. Grundsätzliche Erneuerung durch die mitreißende Kraft eines neuen Leitbildes.

- *Megatrend 7: Zyklus der Verkehrspolitik (Regulierung - Überregulierung - Deregulierung - Reregulierung)*

Auswege: Fahrtenminimierende Reorganisation der Verkehrspolitik. Freisetzen von Wachstumskräften durch klare Rahmenbedingungen und Entbürokratisierung beim Verkehrsrecht. Deregulierung, Liberalisierung und Privatisierung flexibler gestalten, um spätere Mengenvorgaben im Bereich der Flächennutzung und Logistik desto niedriger dosieren zu können.

- *Megatrend 8: Umweltschutz als Überlebenssicherung*

Auswege: Durch ökologische Modernisierung Wachstumsmärkte der Zukunft schaffen. Fahrtenminimierender Umbau der Dienstleistungs- und Kommunikationsgesellschaft (Förderung energie-, umwelt- und rohstoffsparender Produktionsweisen, Ökosozialprodukt, Internalisierung externer Kosten und Nutzen). Förderung des produkt- und kreislauforientierten Umweltschutzes. Subventionsabbau in der Entsorgungsindustrie. Überhöhte Standards als Herausforderungen für die Mobilitätsindustrie.

- *Megatrend 9: Der wachsenden Entfremdung zwischen Mensch, Natur, Wirtschaft und Technik (Raumüberwindung) entgegenwirken.*

Auswege: Hochtechnologien mit vorindustriellen Verhaltensweisen verknüpfen. Technisch-wissenschaftlichen Fortschritt mit der Natur und der Natur des Menschen in Einklang bringen (Umweltschutz, Verhaltensdispositionen als anthropologische Konstanten, Benutzerfreundlichkeit, transzendentale Werte, langfristige Planung, Hochtechnologien mit vorindustriellen Verhaltensweisen verbinden, Überwinden des Konsums als Religion unserer Zeit).

- *Megatrend 10: Suche nach Entwicklungskonzepten für Verkehr und Siedlungsstruktur, die zugleich die ökologischen Probleme der Industrieländer, die Bedürfnisse der Entwicklungsländer und die Interessen der zukünftigen Generation berücksichtigen. Kern ist die Änderung der bisherigen Wirtschafts- und Lebensweisen in den Industrieländern.*

Auswege: Schaffen von Optionen für verschiedene Entwicklungswege. Interessen künftiger Generationen und heutiger Entwicklungsländer durch zukunftsfähigere Referenzmodelle integrierter Raum-, Verkehrs-, Telekommunikations- und Stadtentwicklung berücksichtigen.

Quelle: G.W. Heinze, H.H. Kill (1994): Das Auto von morgen in unseren Städten von morgen, in: H. Appel (Hrsg): Stadtauto - Zielkonflikt von Mobilität, Ökologie, Ökonomie und Sicherheit, Wiesbaden 1995, S. 41-69

Auszugehen sei von weiterem Verkehrswachstum als autonomem Trend, ob uns das gefalle oder nicht. Verkehrswachstum sei einfach ein realer Prozeß, der weltweit ablaufe. Dazu komme die Globalisierung der Arbeitsteilung und die Entwicklung zur Dienstleistungs- und Kommunikationsgesellschaft. Organisation und Management, Betreuung und Beratung, Lehre, Forschung und Entwicklung prägen deshalb die Arbeitsplätze von morgen. Zugleich wachse unsere strukturelle Arbeitslosigkeit. Dazu gehöre auch, daß der industrielle Hochtechnologiebereich seit 1970 bei uns ständig expandiere und die Beschäftigung in Industriebereichen mit mittlerem und niedrigem Technologiegehalt stagniere. Man versuche zwar, sich immer wieder durch innovative Produkte und Wachstumsbereiche zu retten, sehe aber zugleich, daß der Sockel struktureller Arbeitslosigkeit nicht sinke, sondern sich dabei Schritt für Schritt nach oben verschiebe, so daß man vermutlich auf lange Sicht nicht um eine neue Definition des Arbeitsbegriffes und unserer zivilisatorischen Solidarität herumkomme.

Als weiterer Megatrend sei der Zyklus der Stadtentwicklung zu nennen: zuerst die Urbanisierung, dann die Suburbanisierung, dann die Desurbanisierung zugunsten der Mittel- und Kleinstädte und des Umlands bis etwa 100 km Entfernung. Man befinde sich jetzt in einem Prozeß der Reurbanisierung, in dem also nicht nur im Zentrum jeder historische Mauerrest attraktiv sei, sondern indem das System diese desurbanisierten Zentren wieder einbeziehe, das gesamte Raumgefüge in Richtung Stadt-Land-Verbund primär reguliere, den Maßstab wechsele und in diesem Zusammenhang Querverkehre, Tangentialen und Ringbeziehungen wichtiger würden als die alten traditionellen Radialbeziehungen. Es sei aber gerade das Zentralproblem unserer überkommenen ÖPNV-Systeme, auf solche Stadtstrukturen von vorgestern ausgerichtet zu sein. Insofern habe man inzwischen den falschen ÖPNV und müsse entweder ihn umbauen oder die Städte, vermutlich sogar beides.

Einen weiteren Megatrend bilde die Individualisierung des Verkehrs. Dazu gehöre die ständige Gefahr, alle Bemühungen der Wohnumfeldverbesserung oder entsprechender Grünflächenausweisung durch den wachsenden Freizeitverkehr überkompensiert zu sehen - zumindest was die Zahl der Personenkilometer, also das Weitenwachstum, betreffe. Außerdem gäbe es auch einen Zyklus der Verkehrspolitik: erst Regulierung und Überregulierung, danach dann Deregulierung und schließlich wieder Reregulierung in völlig neuartiger Form nach vielleicht 5 bis 15 Jahren.

Auch Umweltschutz als Überlebenssicherung sei glücklicherweise eine mächtige Systemtendenz. Deshalb sei besonders das Konzept „neuer Nähe" so positiv zu sehen, das sich als Lerneffekt aus den Systemstärken kleiner armer Systeme, wie der vorindustriellen Stadt, ableiten ließe. Wenn Strukturen zu groß und überdehnt würden, zerfielen sie und organisierten sich um in kleinräumigere Identifikationsräume. Möglicherweise gehe man mit der Dörferstadt, den Binnenverkehrsvierteln und den Stadtdörfern den Weg, wieder vorindustrielle „Behälterstädte" innerhalb des Stadt-Land-Verbundes zu etablieren und auf diese Weise globale Einbindung via Telekommunikation und verkehrsarme Alltagsstrukturen zu verknüpfen. Vielleicht bildeten dann die großen Verkehrsstraßen mit ihren Trennwirkungen und Lärmschutzwällen die neuen Stadtmauern.

Damit im Zusammenhang stünde die wachsende Entfremdung zwischen Mensch, Natur, Wirtschaft und Technik, der man tunlichst entgegenwirken solle. Die Pflege dieses integrativen Aspektes, immer wieder übergreifend diese Dinge in den Vordergrund zu rücken, gehöre zu den vornehmsten Aufgaben der Akademiearbeit. Als Fachplaner dürfe man jedoch nur Wege minimieren oder irgend etwas anderes Enges optimieren. Die vitalpolitischen Belange der Gründerväter der sozialen Marktwirtschaft von Müller-Armack über Rüstow und Röpke aber seien etwas, was heute immer wichtiger werde, und zwar weil begriffen würde, daß möglicherweise dieser Strukturbruch als Transzendenzkrise, als Krise unserer Vorstellungen von den Rechten und Pflichten des Menschen in dieser Welt, zu interpretieren sei.

Damit hinge auch der letzte Megatrend eng zusammen, nämlich die Suche nach Entwicklungskonzepten für Verkehr und Siedlungsstruktur, die zugleich die ökologischen Probleme der Industrieländer, die Bedürfnisse der Entwicklungsländer und die Interessen der künftigen Generation berücksichtigen. Kern sei die Änderung der bisherigen Wirtschafts- und Lebensweisen in den Industrieländern. Das bilde die große Herausforderung für die Raumordnungspolitik als einer Querschnittspolitik. Der Diskussionsleiter sei nicht der Auffassung von Helmut Schmidt, daß derjenige, der Visionen habe, zum Arzt gehen solle. Vielmehr offenbare dieses flapsige Wort nur ein eklatantes Defizit eines Machers angesichts existenzieller Strukturprobleme unserer Zeit und der nächsten Zukunft.

Deshalb sei für die folgende Diskussion zu hoffen, daß aus dem Kreise der Akademie kreative, höherwertige Lösungen zumindest angedacht, geäußert oder vermutet würden, wie ja alles irgendwann mit begründeten Vermutungen, mit Spekulationen begonnen habe. Gerade hier sei auch die Akademie besonders gefordert. Es sei zu hoffen, daß die Diskussion mit Mut zu neuen Ansätzen geführt habe und damit die Raumordnungspolitik wieder kreativ ins Spiel gebracht und ihr Gewicht erhöht würde.

Viele der folgenden Statements der Akademiediskussion griffen diesen visionären Aspekt auf:

Zunächst wurde auf die These eingegangen, daß die Trennung von Arbeit und Wohnen, wie sie aufgrund der verschmutzenden Industrie des 19. Jahrhunderts seit der Jahrhundertwende praktiziert wurde, auch das Leitbild der Zukunft wäre. Dies verkenne, daß es heute nur noch wenig schmutzbringende Industrie gäbe, dagegen aber sehr viele weiße Industrien, viele Dienstleistungsindustrien, die entweder wenig oder gar keinen Verkehr verursachen und vor allen Dingen keine Emissionen haben. Diese solle und könne man in jedem Falle mit dem Wohnen zusammenbringen. Die Vision sei, daß die Stadtplaner endlich aufhörten, im Stadtzentrum nur öffentliche Dienstleistungen und nur Geschäfte zu planen, sondern gerade auch Wohnungen. Prämisse dafür aber sei, daß die Stadtplanung die Vorgabe für Neubauvorhaben in der Innenstadt setze, dort 60% der Geschoßfläche als Wohnungen auszubauen. Dann habe man lebendige Städte, die nachts mit dem Dunkelwerden nicht leerliefen. Das sei allerdings kein Allheilmittel, wenn es richtig sei, daß auch die Leute aus der Stadt heraus dann zu anderen Arbeitsplätzen fahren müßten, aber wäre jedenfalls besser als die völlig toten Verwaltungszentren, wie wir sie in vielen Städten sähen, wo es keine Menschen mehr gäbe.

Es sei auch gesagt worden: „Pendeln stärkt den ländlichen Raum!" Auch hier könne eine andere Vision dagegengesetzt werden: Es sei natürlich besser, wenn die Leute aus dem Bayerischen Wald nach München pendelten oder von der Eifel nach Köln, als wenn sich diese Räume entleerten. Aber es gäbe immer noch die Vision, daß es der Raumplanung gelänge, wieder eine Reihe von Arbeitgebern durch drastische ordnungspolitische regulative Maßnahmen aus den Ballungszentren in die ländlichen Räume herauszudrücken. Dabei sei ganz besonders an den Nordosten der Bundesrepublik, an Mecklenburg-Vorpommern und Brandenburg zu denken, wo extrem dünn besiedelte Räume existierten und diese Siedlungsstruktur sehr viel Geld kostete.

Auch die in der vorangegangenen Debatte geäußerte Meinung, daß der kumulierte Transportkostenanteil zwischen 2 und 6% der gesamten Produktionskosten wenig sei, stimme so nicht. Genau betrachtet sei dies doch sehr viel, wenn man berücksichtige, daß z.B. Volkswagen 0,3% Umsatzrendite habe. Wenn man denen den Transportkostenanteil durch welche Maßnahme auch immer erhöhe, müsse VW ernsthaft die Transportkosten senken. Man könne die Transportkosten also nicht ausschließlich im Zusammenhang mit den Gesamtproduktionskosten sehen. Vielmehr müßten diese in Relation zur Umsatzrendite gesetzt werden. Dieses Argument wurde durch die Forderung präzisiert, Transportkosten, Gewinn und Umsatz der jeweiligen Produktionsstufe oder für das Produkt kumuliert zu vergleichen.

Das häufig beklagte Eigenheim im Grünen sei nicht unbedingt verkehrsfördernd. Der Wochenendverkehr und der Freizeitverkehr aus diesen Gebieten sei sicherlich genau deswegen niedriger, weil die Leute ihre Freizeit im Garten verbrächten. Wer einen Garten habe, nutze nämlich nicht in dem Maße das Nah- oder Fernerholungszentrum.

Dem wurde allerdings entgegengehalten, daß die reale Entwicklung vieler solcher Gebiete diese Hoffnung zerstöre. Es gäbe klare Daten über den Urlaubsverkehr, der von dort ausgehe. Er sei in der Regel höher als der, der aus anderen Siedlungsgebieten käme. Die Abwesenheitsquote an den Wochenenden sei dort wesentlich höher als die Abwesenheitsquote in der Stadt.

Allerdings ließe sich auch der Einkaufsverkehr dadurch reduzieren, daß man den Leuten wiederum, wie früher bei hohen Transportkosten, die Möglichkeit gäbe, daß sie nicht zum Supermarkt fahren müßten, sondern der Markt zu ihnen komme, so wie das in den Großstädten früher mit vielen Produkten der Fall gewesen sei.

Eine der zentralen Fragestellungen sei, wie denn nun eine Stadt- und eine Siedlungsstruktur aussehe, die verkehrsvermindernd oder verkehrsvermeidend sei, wenn man eine Kurskorrektur hin zu einer raumverträglichen Mobilität anstrebe. Wichtig gerade für die Stadtplaner seien dabei jene räumlichen Prozesse, die in den „Megatrends" mehrfach angesprochen worden seien, nämlich zuerst die abnehmende Siedlungsdichte, dann die zunehmende Entflechtung der räumlichen Nutzungsfunktionen und schließlich die Auflösung der multizentralen Siedlungsstruktur. Vor allem die Entflechtung der räumlichen Nutzungsfunktion bereite große Probleme, da sie ursächlich sei für den explosionsartigen Anstieg der Fahrleistungen in den letzten 30 Jahren. Diese Vervierfachung beruhe ja zu einem wesentlichen Anteil auf der Verlängerung der Entfernungen, also der Weglängen, und auf einer geringeren Fahrzeugauslastung.

Die Vision dazu beinhalte, diese Wegstrecken durch eine stärkere Verdichtung und Mischung nun wieder zurückzunehmen. Dabei sollten sich die konstituierenden Prinzipien Dichte, Mischung und dezentrale Konzentration auch in der Stadtstruktur niederschlagen. Es gäbe bereits in der städtebaulichen Diskussion der vergangenen Jahrzehnte einen aufschlußreichen Wandel, eine aufschlußreiche Gewichtsverlagerung. Ursprünglich sei es die Beziehung der Wohnflächen zu den Freiflächen gewesen, die im Vordergrund des Interesses gestanden habe. Bis in die 60er Jahre hinein habe sich das Bild gewandelt. Nun stehe die Beziehung zwischen Wohnstätte und Arbeitsstätte, über die heute gerade im Zusammenhang mit der Stadt der kurzen Wege so viel gesprochen würde, wieder im Vordergrund der Diskussionen.

Die Modelle, die hier diskutiert würden, seien ganz unterschiedlicher Art. Es könne die direkte Zuordnung der Wohnung zu den Arbeitsstätten sein, die Streuung der Arbeitsstätten über das gesamte Stadtstrukturgefüge oder aber die Konzentration der Arbeitsstätten an einer ganz bestimmten Stelle oder an wenigen bestimmten Stellen. Was heute gefordert würde, sei natürlich die Mischung, die Streuung der verträglichen Nutzungen über das gesamte Stadtstrukturgefüge mit dem Ziel, damit eine gleichmäßige Auslastung der Verkehrsinfrastruktur zu erreichen und vor allem Spitzenbelastungen jeweils in eine Richtung zu vermeiden.

Einer solchen Mischung seien enge Grenzen gesetzt. Auf jeden Fall sei die direkte Zuordnung der Wohnstätten zu den Arbeitsstätten, so erfreulich sich das anhöre, unrealistisch. Sie entspräche nicht unseren Vorstellungen von Wahlmöglichkeiten beim Arbeitsplatz und Wohnstandort. Es sei ja undenkbar, daß jemand bei einem Wechsel der Arbeitsstätte auch den Wohnstandort wechseln müsse.

Die Beziehung, Wohnstätten zentralen Einrichtungen zuzuordnen, habe in den letzten Jahren eindeutig im Vordergrund vor allem in der stadtplanerischen Diskussion gestanden. Hier sei es in erster Linie um Erwägungen der Erreichbarkeit - insbesondere der Fußgänger - und der ökonomisch bewerteten Auslastung von zentralen Einrichtungen gegangen, was eine entsprechende Mantelbevölkerung voraussetze. Dies bedeute eben im Nettowohnbauland Dichten von 300 oder 350 Einwohner pro Hektar. Das sei eben das Doppelte der bisherigen Siedlungsdichte in den Kernen von Verdichtungsräumen und ca. ein Zehntel der Bebauungsdichte in den Eigenheimgebieten des Stadtrandes.

Es müsse also, wenn man eine entsprechende Verdichtung der Neubautätigkeit umsetzen wolle, ganz massiv gegen die Wohnpräferenzen der Bevölkerung angeplant werden. Es erscheine fragwürdig, ob das angesichts der heutigen Situation bei niedrigen Treibstoff- und Raumüberwindungskosten auch politisch durchsetzbar sei, obwohl es dafür gute Gründe gäbe.

Dem wurde entgegengehalten, daß die Vorstellung, gegen die Wohnpräferenzen der Bevölkerung anzuplanen, eines demokratischen Staates nicht würdig sei. Man könne einiges an den Rahmenbedingungen ändern, aber als Planer besitze man nicht die „kollektive Schlauheit". Es sei auch nicht Aufgabe eines Planers, den Bürgern zu sagen, was sie glücklich mache. Gegen konkrete Visionen sei im Gegenteil nichts einzuwenden, weil sie helfen, Kosten zu reduzieren und in Alternativen zu denken.

Bei der Bewertung und der Auswahl zwischen den verschiedenen Visionen oder Alternativen, kreativen Lösungen oder Instrumenten bei gleicher Zielerreichung müsse immer betrachtet werden, welche Vorstellung vom Verhältnis zwischen Staat, Politik und Bürgern dahinterstehe. Zur Zeit bestehe eine deutliche und zunehmende Tendenz auch gerade unter den Planern, daß man die Bedürfnisse der Bürger doch gehörig steuern solle. Manchmal könne man den Eindruck gewinnen, daß z.B. das Mobilitätsbedürfnis der Menschen etwas fast schon Unanständiges sei.

Allerdings wurde auch gesagt, daß mit höherem Einkommen das Mobilitätsbedürfnis überproportional zunehme. Das bedeute, daß dieses nicht etwas Abwegiges sei, sondern etwas, was weltweit beobachtet werden könne. Außerdem sei unter historischer Betrachtung zu sehen, daß früher nur die Reichen und Mächtigen zu freizügiger räumlicher Mobilität in der Lage gewesen seien. Als nun im Zuge wachsenden Einkommens und demokratischer Gesellschaftsregeln ziemlich alle Leute mobil sein konnten, habe man angefangen, die Nase zu rümpfen. Unter diesem Gesichtspunkt müsse man zunächst die Bedürfnisse der Bürger akzeptieren und sie zu decken versuchen, wobei dies allerdings in einer umweltverträglichen Art und Weise geschehen solle. Dabei seien Angebote an die Bürger besonders wichtig, wie an dem Beispiel eines autofreien Wohngebiets in Bremen zu sehen sei. Es werde eben nicht Leuten, die schon lange in einem Wohnviertel wohnen, nachträglich aufgezwungen, autofrei zu leben, sondern es werde angeboten, in einem autofrei gestalteten Neubaugebiet zu wohnen. Damit stände es jedem frei, ein solches Angebot anzunehmen oder nicht.

Viktor Frhr. von Malchus

Anforderungen an die Neuorientierung von Raumordnungs- und Verkehrspolitik

1. Verkehrspolitische Fragen im Rahmen der ARL-Forschung

Anhaltendes Wachstum des Straßenverkehrs mit dem unvermindert hohen Verbrauch an fossiler Energie, die Öffnung der Staaten Mittel- und Osteuropas, die Vollendung des Gemeinsamen Marktes in der EU und die aktuellen Infrastrukturprojekte in Ost und West stellen die Raumordnung und die Verkehrspolitik vor neue Probleme.

Verkehrspolitische Fragestellungen haben in den Forschungs- und Arbeitsprogrammen der Akademie schon immer einen hohen Stellenwert gehabt. Der Präsident der Akademie, Dr. G. Schmitz, hat dies in seiner Begrüßung und in seinem Einführungsvortrag deutlich herausgearbeitet. Er hat dabei u.a. auch auf die vor 10 Jahren stattgefundene Lübecker Plenarsitzung 1985 und auf die neueren Forschungsarbeiten der Akademie verwiesen. Weitere Forschungsarbeiten zu diesem Thema finden sich in den Veröffentlichungen:

- „Konzeptionelle Überlegungen zur räumlichen Entwicklung in Deutschland",
- „Perspektiven einer europäischen Raumordnung",
- „Probleme von Raumordnung, Umwelt und Wirtschaftsentwicklung in den neuen Bundesländern" und
- „Raumordnungspolitische Aspekte der großräumigen Verkehrsinfrastruktur in Deutschland".

Weitere Hinweise und Forschungsergebnisse wird zusammengefaßt das neue „Handwörterbuch der Raumordnung" enthalten, das im Jahre 1995 von der ARL veröffentlicht wird.

Auf dem Hintergrund dieser Tagungs- und Forschungsergebnisse ist die Idee zu dieser „Wissenschaftlichen Plenartagung 1994: Kurskorrektur für Raumordnungs- und Verkehrspolitik - Wege zu einer raumverträglichen Mobilität" entstanden. Als der Präsident der ARL diese Überlegungen auf der 78. Kuratoriumssitzung am 4.5.1994 in Hannover vortrug, fanden sie die uneingeschränkte Zustimmung der Kuratoriumsmitglieder. In der Aussprache über das geplante Thema der Wissenschaftlichen Plenartagung wurde hervorgehoben, daß die entscheidende Fragestellung „das Verhältnis zwischen Raumstruktur und Mobilität" sei: „Wie kann Mobilität in eine raumverträgliche Form gebracht werden"? „Mobilitätswachstum dürfe - entsprechend den gemeinsamen Beschlüssen der für Raumordnung, Umwelt und Verkehr zuständigen Ministerien ... nicht akzeptiert" werden (Krickenbeck-Beschlüsse 1993). Anzusetzen sei zunächst an grundsätzlichen Problemen der Mobilität, die u.a. durch Verhaltensänderungen beeinflußt werden können. Nach Auffassung des Kuratoriums sollte die Akademie ihre weiteren Vorhaben im Bereich „Verkehr" so orientieren, daß Praxisnähe gewährleistet sei; den Bedürfnissen der

Planungspraxis müsse die ARL stets entgegenkommen. Dieser Aufforderung hat die Akademie mit den Vorträgen und Diskussionen auf dieser Wissenschaftlichen Plenarsitzung entsprochen.

2. Zum Standort der Wissenschaftlichen Plenartagung

Wie sehr die Akademie diesem Wunsch des Kuratoriums nachgekommen ist, zeigte sich deutlich bei der Planung und Durchführung dieser Wissenschaftlichen Plenartagung: In ihren Begrüßungen haben der Oberbürgermeister der Stadt Mannheim, Herr Widder, und Dr. Schmitz, keinen Zweifel über die richtige Standortwahl dieser Plenarsitzung in Mannheim mehr aufkommen lassen. In Mannheim wurde bereits vor über 200 Jahren (1770) „Kultur mit wissenschaftlichem Rang" betrieben, und vor gut 100 Jahren hat Karl Benz 1886 hier das erste Automobil gebaut. Heute hat Mannheim einen:

- großen IC-Knotenpunkt,
- großen Binnenhafen und ein
- gewaltiges Programm zur Verbesserung des ÖPNV (mit etwa 500 Mio. DM Investitionen).

Aus diesen und vielen anderen Gründen wurde der Standort für die Tagung somit gut gewählt.

3. Zu den Zielen der Wissenschaftlichen Plenarsitzung

In seinem Einführungsvortrag über „Anforderungen und Angebote der Raumordnung an die Verkehrspolitik" hat Präsident Dr. G. Schmitz die Problematik der Ziele einer „Kurskorrektur für Raumordnungs- und Verkehrspolitik" deutlich herausgearbeitet: das klassische Erschließungs- und Erreichbarkeitsparadigma der Raumordnung, das insbesondere auf die Vorteile des Individualverkehrs setzt und „setzen mußte" - z.B. im Ländlichen Raum -, braucht eine Ergänzung durch neue Elemente, weil es an die Grenzen des Raumes stößt (D. Läpple) und neue Chancen durch neue Techniken wahrnehmen muß (H. Kill). Nicht die Raumüberwindung alleine, sondern eine raumverträgliche und umweltgerechte Verkehrsnutzung müssen dabei im Vordergrund stehen.

Neue Anforderungen der Raumordnung an die Verkehrspolitik ergeben sich - wie dies immer wieder herausgestellt wurde - aus:

- der Öffnung der Grenzen in Europa durch den Europäischen Binnenmarkt;
- der Öffnung der Grenzen gegenüber Mittel- und Osteuropa;
- veränderter Produktion, Internationalisierung und Erhöhung des Waren- und Dienstleistungsaustausches.

Daraus ergeben sich, wie dies von Dr. Schmitz u.a. herausgearbeitet wurde, neue Drehscheiben-, Transit- und Transferfunktionen für Deutschland und entsprechende Anforderungen an den Verkehr, der nach Auffassung der EU-Kommission bis zum Jahre 2010 - also in den nächsten 15 Jahren - um mehr als 40% steigen wird.

In diesem Zusammenhang hat D. Läpple ein Schreckensszenario der Verkehrsentwicklung und ihrer Folgen für Raum, Stand und Landschaft aufgezeigt. Dabei wurden die

Untersuchungen von G. Topp mit der „Mobilitätsspirale" zitiert, die die „Ohnmacht der Planer" verdeutlicht! Den Grund dafür sieht D. Läpple in der Massenmotorisierung unserer Gesellschaft und in dem unaufhaltbaren Siegeszug des LKW, die zur Herausbildung verkehrsintensiver Siedlungs- und Produktionsstrukturen führen.

Im Zusammenhang mit der Verkehrsentwicklung zeigt sich, daß die bestehende räumliche Ordnung in einem erheblichen Umfang die Verkehrsbedürfnisse determiniert. Daraus ergibt sich als erstes und wichtigstes Angebot der Raumordnung, wie dies G. Schmitz hervorgehoben hat, die Erarbeitung eines für die Verkehrspolitik operablen Zielsystems der Raumordnung. Dieses ist im übrigen von führenden Verkehrspolitikern, so von G. Aberle, seit Jahren gefordert worden. Welche Möglichkeiten ergeben sich nun aus diesen Aussagen für die zukünftige Raumordnung?

4. Möglichkeiten der Raumordnung

In allen Vorträgen und Diskussionen waren sich die Teilnehmer der Wissenschaftlichen Plenarsitzung darüber weitgehend einig, daß die Möglichkeiten der Raumordnung zur Beeinflussung der Verkehrspolitik in Deutschland relativ beschränkt sind. Gefordert ist, wie dies einleitend von G. Schmitz, D. Läpple und W. Rothengatter sowie von mehreren Diskussionsteilnehmern hervorgehoben wurde, die Erarbeitung regionaler, sektorübergreifender Entwicklungskonzepte und Handlungsstrategien.

Ein möglicher Weg dazu ist der Aufbau überregionaler raumordnerischer Leitbilder u.a. für den Verkehrsbereich (Raumordnungspolitischer Orientierungsrahmen, Landesentwicklungspläne, Regionalpläne) und der Ausbau „Regionaler Entwicklungskonzepte", wie dies mit großem Erfolg bereits in vielen Teilen der Bundesrepublik geschehen ist. Die Raumordnung sollte darüber hinaus bemüht sein, die Federführung für die Ausarbeitung der „Regionalen Entwicklungskonzepte" zu bekommen, und ihr besonderes Augenmerk dabei auch auf den Verkehrsbereich lenken. Das Kutschenbeispiel von H. Kill mit den durchgehenden Pferden und der Dame Raumordnung in der Kutsche hat diese Notwendigkeit sehr deutlich gemacht. In die Entwicklungskonzepte könnten die ausdifferenzierten raumordnerischen Ziele aus den Programmen und Plänen der Landes- und Regionalplanung einfließen. Die erforderlichen Mittel für die verkehrspolitischen Maßnahmen müßten im Bereich der Verkehrspolitik instrumentierbar gemacht werden.

In diesem Zusammenhang muß man auf die von W. Rothengatter vorgetragenen „raumordnerischen Anforderungen an die Bundesverkehrswegeplanung" denken sowie an das von ihm erarbeitete „Verkehrspolitische Handlungskonzept für den raumordnungspolitischen Orientierungsrahmen".

D. Läpple hat sich in diesem Zusammenhang deutlich für die Ausbildung verkehrsmindernder und verkehrssparender Raum- und Siedlungsstrukturen ausgesprochen - für ein neues „Raum- und Mobilitätsverständnis". Mobilität soll nicht länger gleichgesetzt werden mit der „Herrschaft über Raum und Zeit", sondern als soziale Interaktion zur Förderung der sozialen Qualität des Raumes.

H. Kill ist in seinem Papier - nicht so sehr in seinem Vortrag - sehr kritisch mit der Raumordnung umgegangen. Er hat ihr „mangelnde Zielerreichung" unterstellt, allerdings ohne der Raumordnung daraus einen Vorwurf zu machen. Gerade im Bereich Siedlungs-struktur und Verkehr ist dies gut beobachtet. Die Gemeinden und die Regional- und Landesplanung haben in einigen Bundesländern fest vorgegebene und z.T. gesetzlich fixierte Ziele der Raumordnung nicht im erforderlichen Maß durchsetzen können, wie z.B. die Ziele „Dezentrale Konzentration" und die „Konzentration der Besiedlung an Haltestellen des ÖPNV". In diesem Zusammenhang hat K.H. Hübler auf mangelhafte Institutionalisierung hingewiesen: „Jeder macht seine eigenen Leitbilder!".

H. Kill hat hier deutlich herausgearbeitet, daß die Raumordnung bei der Durchsetzung der Ziele neue Chancen durch neue Techniken im Verkehr erhält, und zwar vor allem:

- durch die Telematik und ihre Anwendung bei der Raumüberwindung von Personen, Gütern und Nachrichten und

- beim Technikeinsatz im Verkehr, wie z.B. bei Verkehrslenkungssystemen etc.

Neue Techniken verändern die wirtschaftliche und gesellschaftliche Entwicklung in weiten Bereichen. Hier muß die Raumentwicklungspolitik allerdings bemüht sein, Strukturumbrüche zu dämpfen und unerwünschten Entwicklungen entgegenzuwirken.

5. Möglichkeiten im Verkehrsbereich

Den Möglichkeiten im Verkehrsbereich wurde vor allem im Zusammenhang mit den Diskussionen über „Mobilitätswachstum und Raumverträglichkeit" sowie in der Akademiediskussion nachgegangen, über die gesondert in diesem Band berichtet wird.

Die Diagnose über den zukünftigen Verkehr ist einhellig: immer schneller, flexibler, häufiger - lautet die Forderung an den Verkehr. Die Wirtschaft produziert Verkehr. Die Mobilität der Bürger steigt (Flexibilität in der Arbeitsplatzwahl, Freizeitverkehr, Lustverkehr). Die Verkehrspolitik befindet sich im ständigen Problemstau. Mobilität, Umwelt und Wirtschaft bestimmen den ständigen Zielkonflikt der Verkehrspolitik! So kann und so darf es nicht weitergehen.

Von den traditionellen Forderungen der Verkehrspolitik sollte Abstand genommen und das Gegenteil gefordert werden:

- Verkehr muß nicht billig sein - er muß teurer werden;

- Verkehr muß nicht individuell sein - er sollte im Verbund mit anderen erfolgen, und

- Verkehr muß nicht einfach sein, sondern er kann und darf kompliziert sein.

Die Elemente einer neuen Verkehrspolitik sollten deshalb - wie dies auch deutlich in allen Diskussionen hervorgehoben wurde - lauten: Verkehr vermeiden, Verkehr verlagern, Verkehr vernetzen und Verkehr verbessern.

Wie groß die Meinungsverschiedenheiten zur Lösung der Frage der Verkehrsvermeidung und anderer Strategieelemente sind, zeigten die Diskussionen über die Fragen: „Räumliche Arbeitsteilung und Verkehrsentwicklung" (G. Aberle/H. Holzapfel) und „Führt Preispolitik im Verkehr zu raumverträglichen Strukturen?" (U. Blum/K.-O. Schallaböck).

Sachlich und ideologisch vorgeprägte Erkenntnisse und Auffassungen zeigten die großen Meinungsunterschiede und den hohen Forschungsbedarf in dem Bereich „Raumordnung - Verkehr" auf.

In diesem Zusammenhang müssen insbesondere die Rolle der Raumordnung bei der
Bundesverkehrswegeplanung neu überdacht, Untersuchungen über verkehrserzeugen-
de und verkehrsvermeidende Raum- und Siedlungsstrukturen gefördert, das Potential
neuer Verkehrstechnologien und der Telematik für eine raum- und umweltverträgliche
Gestaltung des Verkehrs noch besser abgeschätzt und nicht zuletzt die Ursachen und
Erscheinungsformen der Mobilität unter dem Aspekt einer nachhaltigen Raumentwicklung hinterfragt werden.

Von großer Bedeutung sind auch die Probleme und Fragen, die wegen der Zeitknapp-
heit nicht ausführlich diskutiert werden konnten, wie etwa:

- Chancen der Verkehrsverlagerung, das Ausmaß der Flächenbeanspruchung, der Kosten und der Preise oder der
- Handlungsspielraum für Raumordnung und Landesplanung im Rahmen der Gesetz-
  gebung oder planerischer Maßnahmen.

6. Vorläufige Erkenntnisse für die ARL aus der Plenarsitzung ´94
Was soll die ARL künftig tun?

Zunächst einmal wird die ARL die Ergebnisse der Wissenschaftlichen Plenarsitzung
1994 eingehend auswerten. Dabei wird sich wahrscheinlich herausstellen, daß der Verkehrspolitik der EU in Zukunft im Rahmen der Forschungen der ARL noch größere Bedeutung beigemessen werden muß. Der Verkehr muß nach dem Vorliegen der Entscheidungen des Europäischen Parlaments und des Rates über die „Gemeinschaftlichen Leitlinien für den Aufbau eines transeuropäischen Verkehrsnetzes" einen besonderen Stellenwert erhalten. Dabei kommt den Problemen der grenzüberschreitenden Verkehrsplanung, insbesondere an den Grenzen zu Mittel- und Osteuropa, ganz besondere Bedeutung zu. Immer wichtiger wird auch das zunehmende Ausmaß des Freizeit- und Lustver-
kehrs.

Der Präsident der Akademie hat einleitend darauf hingewiesen, daß die ARL einen
neuen Arbeitskreis zu Fragen von „Raumordnung und Verkehr" - wie dies auch dem
Wunsch des Kuratoriums der ARL entspricht - einsetzen wird. Nach dem bisherigen
Stand der Diskussion auf dieser Wissenschaftlichen Plenarsitzung, die sicherlich auch
noch vertieft werden muß, wäre es sehr wahrscheinlich wünschenswert, wenn der Arbeitskreis sich mit folgendem Themenbereich befaßt: „Alternative Verkehrspolitik des
mittleren Weges."

In diesem Arbeitskreis könnten folgende zentrale Themen bearbeitet werden:

- Wechselwirkungen von Raum- und Siedlungsstrukturen und Verkehrsentwicklung (bei
  gleichzeitiger Reflexion der planerischen Raumkonzepte und dem jeweiligen Raumverständnis der Akteure).

Es geht um die Möglichkeiten zur Ausgestaltung verkehrsvermindernder Siedlungsstrukturen. Wichtig wäre bei der Diskussion dieses Themas die Differenzierung unterschiedlicher Raumniveaus, z.B. EU, nationaler, regionaler und städtischer Raum:

- Mobilitätsverhalten von Menschen und Transportanforderungen und -strategien von Unternehmen (bei gleichzeitiger Reflexion des dominanten Mobilitätsverständnisses). Die Fragen der räumlichen Mobilität müßten verknüpft werden mit dem Problem der spezifischen Zeitregimes gesellschaftlicher Prozesse;

- Regulationsformen der Mobilität und des Transports, insbesondere die Auswirkungen des veränderten ordnungspolitischen Rahmens (Liberalisierung bzw. Deregulierung) sowie die Wirkungsweise finanzpolitischer Elemente (wie KFZ-Steuer, Mineralöl-Steuer, Straßen- bzw. Verkehrswegegebühren);

- Ausbauchancen der Telekommunikation und Verbesserung des Einsatzes von Verkehrstechnik;

- Zusammenführung entscheidender Systemtrends in der Verkehrsentwicklung.

Wichtig ist die politikrelevante Umsetzung der bedeutendsten Entwicklungen im Verkehrsbereich zum Nutzen der Volkswirtschaft. Eine wichtige Frage lautet: Welche Forderungen muß die Raumordnungspolitik stellen, damit sie Gesellschaftspolitik und ihre Rahmenbedingungen mitbestimmen kann?

Angesichts des wachsenden Reformdrucks im Verkehrssektor sollten im Mittelpunkt dieses Arbeitskreises Untersuchungen über

- die politisch bedeutsamen Wechselwirkungen zwischen Raum-, Verkehrs- und Siedlungsentwicklung und

- die Forderungen der Raumordnungspolitik an die zukünftige Verkehrspolitik

stehen. Da die Verkehrspolitik immer umfassender als Gesellschaftspolitik verstanden wird, muß im Arbeitskreis eine fachübergreifende Diskussion sichergestellt werden.

Das Standardwerk
der Raumordnung
in einem Band neu erschienen für
Praxis, Wissenschaft und Studium

Vollständige Neubearbeitung
Hannover 1995, 1176 Seiten,
zahlreiche Abbildungen und Tabellen,
Leinen, geb., mit Schutzumschlag
DM 156,- / SFR 156,- / ÖS 1310,-
ISBN 3-88838-507-5

Redaktionsausschuß:
Peter Treuner, Gerd Albers, Wolfgang
Haber, Hans-Jürgen von der Heide,
Hans Kistenmacher, Paul Klemmer,
Viktor Frhr. von Malchus, Elmar Münzer,
Gottfried Schmitz, Werner Schramm,
Erika Spiegel, Winfried von Urff,
Klaus Wolf, Horst Zimmermann,
Annedörthe Anker

NEU

- **Wissenschafts- und praxisnah** — Die wichtigsten Fachbegriffe der Raumforschung und Raumordnung in 255 Stichwortartikeln behandelt

- **Kompetent** — Mitwirkung von über 200 namhaften Autoren aus Wissenschaft und Planungspraxis

- **Benutzer- freundlich**
  - Alphabetisch angeordnetes Nachschlagewerk in einem Band ermöglicht schnellen Zugang zu allen Wissensbereichen
  - Zu jedem Stichwort die relevanten bibliographischen Hinweise
  - Verknüpfung der Beiträge durch Verweise
  - Vielfältiges Indexsystem erleichtert die Orientierung

- **Inhaltliche Schwerpunkte**
  - Raumordnung/Landesplanung/Regionalplanung
  - Theorie und Methoden
  - Praktische Grundlagen und Techniken
  - Rechtsgrundlagen und Verwaltung
  - Natur und Landschaft/Umwelt/Landschaftsplanung
  - Bevölkerung und Gesellschaft
  - Politische Rahmenbedingungen
  - Öffentliche Finanzen
  - Wirtschaft/Regionale Strukturpolitik/Agrarpolitik
  - Infrastruktur
  - Stadt- und Ortsplanung/Bauleitplanung/Wohnungswesen
  - Europa

Bestellungen über den Buchhandel
oder an:
VSB Verlagsservice Braunschweig
Postfach 4738, 38037 Braunschweig,
Telefon 05 31 / 70 86 45 - 648
Telefax 05 31 / 70 86 19

AKADEMIE FÜR RAUMFORSCHUNG
UND LANDESPLANUNG
Hohenzollernstraße 11
D-30161 Hannover
Telefon 05 11 / 3 48 42 - 0
Telefax 05 11 / 3 48 42 - 41

FORSCHUNGS- UND
SITZUNGSBERICHTE

Aspekte einer raum- und umweltverträglichen Abfallentsorgung

Forschungs- und Sitzungsberichte
der Akademie für Raumforschung und Landesplanung
Band 195 (Teil I) und 196 (Teil II), Hannover 1993
Teil I, 632 S., 90,- DM, ISBN 3-88838-024-3
Teil II, 611 S., 90,- DM, ISBN 3-88838-025-1

Band 195

- Glossar
- Das Umfeld der Abfallwirtschaft
- Abfallentsorgungsnotstände in der Bundesrepublik Deutschland -
  Abfallwirtschaftliche Prioritäten aus raumwirtschaftlicher Sicht
- Abfallwirtschaft als Stoff-Kreislaufwirtschaft
- Das Problem der Altlasten
- Rechtliche Fragen der Abfallentsorgung
- Die Behandlung der Abfallwirtschaft in Programmen und Plänen
  der Raumordnung und Landesplanung
- Ergebnis

Band 196

- Abfallentsorgung in der Bundesrepublik Deutschland
- Strategien und Instrumente zur Abfallvermeidung
- Abfallverwertung - ein Überblick
- Nicht vermeidbare und nicht verwertbare Restabfälle
- Anforderungen an eine umweltverträgliche Abfallbehandlung
- Thermische Abfallbehandlung
- Wege zu einer umweltverträglichen Abfallentsorgung
- Abfallwirtschaft in der Schweiz
- Abfallwirtschaft in Österreich

Auslieferung
VSB-Verlagsservice Braunschweig

AKADEMIE FÜR RAUMFORSCHUNG UND LANDESPLANUNG

FORSCHUNGS- UND
SITZUNGSBERICHTE

AKADEMIE FÜR RAUMFORSCHUNG UND LANDESPLANUNG